全国高校出版社主题出版

中国时间银行发展研究报告

论积极应对人口老龄化的第三条道路

陈 功 等著

華東理工大學出版社
EAST CHINA UNIVERSITY OF SCIENCE AND TECHNOLOGY PRESS
·上海·

图书在版编目(CIP)数据

中国时间银行发展研究报告：论积极应对人口老龄化的第三条道路／陈功等著. —上海：华东理工大学出版社，2024. 3

ISBN 978-7-5628-6986-3

Ⅰ. ①中… Ⅱ. ①陈… Ⅲ. ①人口老龄化—研究报告—中国 Ⅳ. ①C924.24

中国版本图书馆 CIP 数据核字(2022)第 241091 号

策划编辑／刘　军　藕　园
责任编辑／刘　军
责任校对／章斯纯
装帧设计／居慧娜
出版发行／华东理工大学出版社有限公司
地址：上海市梅陇路 130 号，200237
电话：021-64250306
网址：www.ecustpress.cn
邮箱：zongbianban@ecustpress.cn
印　　刷／上海新华印刷有限公司
开　　本／787 mm×1092 mm　1/16
印　　张／6.75
字　　数／118 千字
版　　次／2024 年 3 月第 1 版
印　　次／2024 年 3 月第 1 次
定　　价／48.00 元

中国时间银行发展研究报告

论积极应对人口老龄化的第三条道路

北京大学人口研究所

出　　品

序一 Preface

2015年，我萌生了打造一个全国性城乡养老志愿服务通存通兑的“中国时间银行”的念头。2019年，我开始着手整合资源推动这项工作。但迄今为止，这个梦想尚未实现。因此，我们推动、支持陈功教授及其团队开展关于时间银行的课题研究及《中国时间银行发展研究报告》（以下简称《报告》）的发布和出版，这些举措算是朝着这个梦想启程的第一步！

早在2015年，在时任强生中国副总裁付小明的支持下，我草拟过一个以中国时间银行为主题的策划方案，希望能够启动这项事业。但囿于当时获得的捐助资金不足以创建一家中国时间银行，加之当时老龄事业并不是中国红十字基金会的重点工作领域，因而这项工作便一度被搁置了。随后几年，随着中国老龄化形势越来越严峻，各方倡导老龄志愿服务的呼声越来越高，有关时间银行建设的提议不断涌现，全国各地对建设时间银行的实践探索纷纷展开。基于国家政策倡导、地方民政支持、企业资助和社区实验，全国各地时间银行不断地“生”，也有一些时间银行在浪潮中慢慢地“死”。在2018年、2019年全国两会上，时间银行的存在和发展问题一度成为两会提案热点，全国人大代表、政协委员纷纷呼吁国家进行顶层设计，建设全国通存通兑的时间银行。

近年来，党和国家在多个重要文件和规划里将老龄事业建设摆在突出位置。时间银行作为通过志愿服务扩大老龄护理供给侧结构性改革的探索路径也屡屡被各方议案提及。2017年，中国红十字基金会总会、民政部、全国老龄工作委员会办公室联合下发了《关于红十字会参与养老服务工作的指导意见》（中红字〔2017〕1号）。而这一时期，中国移动互联网平台、电商平台等数字经济发展突飞猛进，为即时匹配养老需求和志愿服务供给提供了完全可行的技术基础。鉴于此，2019年年初，我重新撰写了中国时间银行项目计划书，先后拜访了多家与老龄事业、志愿服务、互联网相关的权威机构，如中国医药卫生事业发展基金会、中国互联网发展基金会、中国志愿服务基金会、中国社会福利基金会、中国老龄事业发展基金会、民政部慈善事业促进和社会工作司等，探讨合作推进中国时间银行项目的可行性，得到了中国医药卫生事业发展基金会时任理事长杨利明和秘书长王丹的肯定与支持。为学习借鉴互联网平台运营的经验，我们还与多名互联网公益领域的专家如梁春晓、窦瑞刚等进行相关方案的研讨。2019年5月16日，中国红十字基金会、中国医药卫生事业发展基金会、中国志愿者服务基金会等8家基金会，老龄社会30人论坛，盘古智库老龄社会研究中心联合召开了有关课题的启动会，20多位来自公益慈善、养老、互联网领域的专家出席了本次会议。我在会上做了“全国性时间银行建设的风口期还有多遥远？”的主旨发言，抛出了通过理论课题研究、联合社会多方力量组建一个全国通存通兑的中国时间银行的设想，打造一个借鉴移动互联网技术、类似于中国银联的城乡养老志愿服务通存通兑的全国性时间银行联盟、养老志愿服务即时供需对接的“滴滴打车”的构想。

在实际推动中国时间银行项目落地的过程中，我希望推动有关部委和国内权威社会组织联手组建中国时间银行，但具体的行动十分艰难，其主要原因在于：本人所在的机构内部出现了不同的意见，部分同事认为以中国红十字基金会之力难以挑起这一重担；2019年，我参与推动了由中国红十字基金会和苏州大学联合创办的红十字国际学院挂牌成立，这项工作耗费了我很多的时间和精力；2020年，全国遭遇新冠疫情，抗击疫情成为中国红十字基金会的头等大事。因此，虽然我也在不懈游说推动建设中国时间银行项目，同时又拜访了很多机构和企业，但除了理论研究外，此项目在实际行动上并没有取得如期进展。

值得欣喜的是，通过2019年召开的课题启动会，我结识了一批研究时间银行的专家，如当前国内研究时间银行的权威学者“三陈”，即北京大学陈功教授、南京大学陈友华教授、华东师范大学陈体标副教授，以及一批参与创建和运作地方性时间银行的实操工作者。我们通过资助北京大学人口研究所陈功教授及其团队，开展时间银行的专项课题研究，对国际时间银行的发展进程、国内时间银行发展现状进行全面梳理，对中国下一步如何发展时间银行提出了行动预案。2021年9月22日，《报告》作为中国红十字基金会政策倡导系列红皮书在北京大学正式发布，国家发改委社会发展司、民政部养老服务司、国家卫健委老龄健康司等政府主管部门，中国医药卫生事业发展基金会、中国志愿服务基金会、中国社会福利基金会、中国人口福利基金会等国家级基金会，中国老年学和老年医学学会、腾讯研究院、阿里巴巴集团社会公益部，以及专家代表、实务界代表、公益界代表等共计百余人参加了发布会，近千人次全程在线观看发布会直播，引起了较大的社会反响。可以说，这是中国红十字基金会联合北京大学人口研究所参与中国老龄事业和志愿服务平台建设的一个贡献。

北京大学人口研究所陈功教授及其时间银行研究团队深刻把握党和国家政策大局，学术视野开阔，研究功底扎实，学风文风严谨，从研究课题立项、协议签署、调查启动，到案例数据整理，报告撰写、反复修改，再到报告正式发布和进一步完善后公开出版，历时 3 年多，先后有 60 余位师生参与调研、文献收集和报告撰写等工作。作为此项研究课题的甲方负责人，我多次与陈功教授及其团队一起讨论这份《报告》的初稿，提出诸多修改和完善的意见。最后由双方定稿和联合发布的《报告》，我个人认为有以下三个方面的突破或者创新。

第一，《报告》从全球视角系统梳理了时间银行的起源及其在中国的发展历程。这些年国内媒体对国内外时间银行的报道很多，但比较零碎且不完全准确。陈功教授及其团队基于长期研究和认真调研探源，主动联系“时间银行”概念创始人埃德加·卡恩（Edgar S. Cahn）教授，与美国、英国、瑞士等国家以及中国台湾地区的时间银行研究和实务领域的组织和学者进行沟通，掌握了大量最新的时间银行发展的一手信息，描述了全球时间银行发展的现状：时间银行已经在 30 多个国家和地区相继建立，在全球已有 1 000 多个名为时间银行的不同组织或机构。一些国家和地区的时间银行的数据更新到 2021 年，这让我们有了一个宽广的视野来探寻中国时间银行发展的问题。《报告》还对时间银行进行了准确的定义，将其确定为一种社会运动的本质特征。

第二，《报告》通过大量案例调研和数据取样，总体剖析了中国时间银行发展的阶段、经验及存在的问题。陈功教授带领北京大学人口研究所时间银行团队在全国范围开展了大规模的时间银行调研活动，前后进行了 4 次调研，涉及全国 20 个省（自治区、直辖市）的 54 家时间银行机构。《报告》系统梳理了时间银行在中国的本土化历程，将中国时间银行的发展划分为萌芽期（1998—2007 年）、探索期（2008—2018 年）、快速发展期（2019 年至今）三个时期；从地域、管理归属、运营时间、运营成效等方面描述了全国时间银行的变化，将现有的时间银行分成政府主导型、社会组织主导型、企业主导型三种类型。这些基于实证调查和数据分析对时间银行发展阶段和主导类型的划分，便于大家对全国时间银行发展进程、全貌有所了解和认知。基于多案例的描述，《报告》较为客观地总结了中国时间银行发展的特点与经验、功能与应用，剖析了我国时间银行发展存在的功能定位不清晰、核心制度不完善、资源管理不到位、数字应用不广泛等问题，比较精准地找出了当前中国时间银行发展困境的关键点。

第三，结合党和国家的宏观政策分析，《报告》为中国时间银行发展提出了政策建议，展望了其发展前景。《报告》提出“打通资源壁垒，探索全国性时间银行联盟；明确功能定位，加强价值理念的宣传引导；完善法律政策，以政策助力时间银行发展；规范运行机制，推动时间银行标准化发展；加强技术运用，提高公益资源的配置效率”等对策。这些基于目前各地时间银行实践困境提出的实操性政策和行动建议，具有必要性和一定的可行性。

理论是灰色的，而生活之树常青。近 3 年来，中国时间银行又取得了新的进展。2019 年，徐永光等 36 名中国社会组织人士联合发布《公益链共同发起人共识》，倡导社会组织探索区块链时间银行及其服务模式；多个省级、市级民政部门也在尝试建设通存通兑的时间银行；中国银行所属中银慈善基金会已在进行京津冀跨省市时间银行的建设和运营探索；一些大的互联网平台正在发挥技术平台优势，积极探索与国家层面政府部门、社会组织合作建设全国性志愿服务组织和公益账户平台。此《报告》的正式出版，必将进一步助力全国性时间银行的高质量建设和发展。

对每个人来说，时间是最公平的东西，每个人每天都有一个“新账户”，不支持结余，也不支持透支。但是，时间银行将从理论和实践上改变“时间不支持结余和透支”的传统说法，可以把时间存储起来，让时间更有价值！我特别赞赏克莱·舍基（Clay Shirky）在《认知盈余：自由时间的力量》一书中的观点：“如今是一个不平凡的时代，由于网络的发明和扩散，使得以前被排除在外的普通民众能够利用自由时间从事自己喜欢或关心的活动。我们现在可以把自由时间当作一种普遍的社会资产，用于大型的共同创造的项目，而不是一组仅供个人消磨的一连串时间。”在 2021 年 9 月 22 日召开的《中国时间银行发展研究报告》发布会上，作为主持人，我借用了著名诗人胡风长《时间开始了》中的诗句，提出“我们一起向时间的创造进军”，希望中国时间银行的构想能够提升中国志愿服务的时间聚合和创造能力，让十几亿位时间拥有者，提升和创造时间的价值，让中国的志愿服务和老龄化事业通过时间银行得到升华。

期待《报告》的正式出版，期待它成为中国时间银行建设的重要理论支撑。希望中国时间银行的建设能够得到更多的关注老龄事业和志愿服务的政府部门、社会机构、平台企业，以及广大人民的支持。让我们一起行动起来，积极参与这项基础性公益事业，合力发掘全球人口数量最多的国家的时间价值，共同建设全国性城乡养老志愿服务通存通兑的中国时间银行。

刘选国
苏州大学红十字国际学院副院长
中国红十字基金会原副理事长
2022 年 8 月

序二

Preface

从 2017 年年底至今，我一直担任中国老年学和老年医学学会会长。 2019 年，为了满足老年志愿公益事业发展的需要，我们成立了中国老年学和老年医学学会志愿与公益分会（以下简称“志愿与公益分会”），聘请北京大学人口研究所所长陈功教授担任志愿与公益分会主任委员。 志愿与公益分会致力于开展为老志愿公益领域跨学科研究，把时间银行作为研究的重要线索和目标。 我和陈功教授经常见面，发现他不仅对中国时间银行的发展历程和发展特点有独到的见解，而且对中国时间银行今后的发展趋势也有自己的判断。 陈功教授不仅敢于在公开场合陈述自己的观点，而且他的研究成果和学术观点也产生了良好的社会反响。

当下，我国人口老龄化问题加剧，加快建设与居家社区机构相协调，与医养康养相结合，政府、市场、社会、家庭共担责任和共建共享的多层次养老服务体系，是积极应对人口老龄化的当务之急。 时间银行是将养老志愿服务机制化、推动养老志愿服务可持续发展、推动互助养老发展的重要方式，对推进养老服务体系建设具有积极意义。 2019 年 11 月，中共中央、国务院印发的《国家积极应对人口老龄化中长期规划》将时间银行纳入 22 项考核评估指标中。 2021 年 8 月，习近平总书记在河北省承德市考察社区养老服务时，为时间银行互助养老模式点赞。 在 2022 年的北京市两会上，时间银行被首次写入市政府工作报告……可以说，时间银行已经成为中国特色养老服务体系建设和老龄社会治理的创新方式之一，成为互助养老、志愿公益、社区治理的新的平台和工具。

志愿与公益分会是国内较早关注时间银行并系统化开展研究的学术团体。近年来，陈功教授带领志愿与公益分会及有关科研团队开展了大量关于时间银行的理论研究和实践推广工作，如完成全国四轮时间银行调研工作，挂牌成立“全国时间银行研究与实践基地”，召开时间银行国际学术研讨会等。在经历萌芽期、探索期后，中国时间银行近年来迎来了快速发展期。在这样一个关键节点上，全面了解中国时间银行发展历程、正确认识中国时间银行发展特点、总结展望中国时间银行未来方向，不仅需要时间银行从业者学习、思考，也需要政界、学术界和社会有识之士的持续关注、积极探索。

鉴于此，陈功教授及其团队在国内外已有研究的基础上，结合全国 4 轮时间银行调研结果，与诸多学者一起集思广益、提炼整合，合力撰写并公开出版这本重量级的《报告》。我认为这是一件有深远意义的工作。《报告》是国内时间银行研究领域的一份系统、翔实的研究报告，是国内首部在调研全国时间银行发展现状基础上提出的时间银行发展建议和路径的研究报告。我仔细阅读了《报告》，有以下三点体会。

其一，本《报告》语言平实、通俗易懂，是关于时间银行的科普书。《报告》系统介绍了时间银行在中国的本土化历程，总结了中国时间银行的发展特点、功能和应用，梳理了中国时间银行发展面临的问题，探讨了中国时间银行发展的对策与前景。毫无疑问，本《报告》对普及和宣传时间银行概念、推动良善价值观、指导具体实践均有重要意义。

其二，《报告》内容丰富、成果丰硕，是从业者的工具箱。《报告》选取的调研案例涉及全国 20 个省（自治区、直辖市）的 54 家时间银行机构，先后有 60 余位北京大学的师生参与调研和资料整理工作，历时 3 年之久。通过访谈和问卷调查，《报告》编写组收集了大量有价值的数据，不仅为后续的时间银行研究和实践搭建了实证背景，也为时间银行从业者提供了宝贵的资料库。

其三，《报告》有机融合了时间银行理论和中国实践经验。这样一份报告，如果让学院派的学者来写，就很可能会写成不接中国地气的生搬硬套式理论；而如果让只有实践经验的从业者来写，就很有可能写成罗列堆砌的事件大全。《报告》的编写组将理论和实务进行了有机结合。综观《报告》全文，我认为《报告》结构紧凑、逻辑清晰，有理论、有案例，层层递进、娓娓道来。我相信，只有全体参与撰写的人对中国时间银行发展有深刻洞察和实践感知，才能将本《报告》写得如此透彻生动。

总之，《报告》是陈功教授及其团队的匠心之作，对中国时间银行的发展具有里程碑意义。但同样需要指出的是，时间银行在我国本土化实践发展历程中，仍处于加快探索阶段，还存在理论认识和实践发展中的诸多难点和亟须厘清的基础问题。希望《报告》能让更多的人了解时间银行、走近时间银行；希望能有更多的人参与这项崇高事业，讲好中国时间银行故事，总结出中国时间银行特色，逐步完善符合中华优秀传统文化和我国国情特征的时间银行理论和实践体系。让我们同心同向同行，推动中国特色时间银行的本土化发展。

刘维林

中国老年学和老年医学学会会长

2022 年 8 月

前言 Foreword

时间银行的雏形最早来自日本的水岛照子（Mizushima Teruko）提出的“劳动银行”义工网络。1980 年，美国学者埃德加·卡恩提出了时间银行的概念，倡导将“时间美元”作为一种社区货币。这种模式的时间银行将“时间”与“公益”挂钩，倡导社区成员积极利用闲散时间帮助有需要的人，把付出的时间以虚拟货币的形式存储起来，供成员在有需要时兑换他人的帮助。目前，时间银行已经在 30 多个国家和地区相继成立，在全球已有 1 000 多家名为“时间银行”的不同组织或机构，广泛应用于互助养老、医疗服务、社会救助、社区融合等场景。

中国时间银行的发展在很大程度上是应对人口老龄化的有益探索。从 20 世纪 90 年代上海市“老年生活护理互助会”建立“劳务储蓄”和“货币互助”机制、上海市虹口区提篮桥街道晋阳居委会建立“老年银行”开始，在近 30 年的本土化进程中，时间银行呈现出互助养老与志愿服务的混合形态，逐步显示出其作为公益资源分配手段融入社区治理的趋势。虽然社会、经济和文化的背景一定程度上发生变化促成了当前人们对时间银行的关注，但国内外大量研究和实践表明，兴办和维持时间银行非常困难。我们也看到，中国与西方国家在社会发展程度、社会信任规则、文化传统等方面具有明显差异，现有研究对中国等非西方背景国家的时间银行发展关注不够，对基于中国传统文化的特色互助与治理话语体系的研究相对较少。现有的大量研究能够认识到时间银行所特有的功能和社会动员作用，但如何利用时间银行、时间银行应该走何种路径，人们仍在探索与讨论。因此，研究中国时间银行的发展现状，特别是弄清面临的挑战及应对这些挑战的方式非常重要。

《中国时间银行发展研究报告》（以下简称《报告》）的目的是对中国时间银行发展现状进行一次深入调查。这次调查也是第一次在全国范围内开展的时间银行的大规模调研活动。《报告》中选取的调研案例涉及全国 20 个省（自治区、直辖市）的 54 家时间银行机构，在反映我国时间银行本土化进展整体面貌的同时，也总结了其发展中的经验和不足。在研究过程中，《报告》编写组使用了参与观察、深度访谈、问卷调查等多种方法来收集来自 54 家时间银行机构的各类数据。这些有价值的实证数据，为我们后续深入进行时间银行理论研究和实践探索搭建了一个实证背景。

首先，《报告》回顾了时间银行的产生缘起及其在发达国家和地区的发展历程，确定了时间银行作为一种社会运动的特征，将其与志愿活动区分开来。其次，《报告》系统梳理了时间银行在中国的本土化历程，让读者从时间银行的引入背景、概念变迁到实践发展的不同阶段对中国时间银行有一个初步的认识。《报告》从地域、管理归属、运营时间、运营成效等方面描述了中国时间银行的发展现状，将现有的时间银行归结为政府主导型、社会组织主导型、企业主导型三种类型，详细介绍了这三种类型中不同代表性案例的基本状况、发展运营机制等，重点介绍了使它们得以存续的组织特征。在此基础上，《报告》总结了我国时间银行的发展特点、影响和应用，进一步探讨了时间银行本土化的功能。最后，《报告》在系统分析现有案例的基础上，剖析了中国时间银行发展面临的问题，探讨了中国时间银行发展的对策与前景。基于对调查案例的反思，《报告》将时间银行发展方面的问题总结为“价值认识”“政策制度”“运营管理”“技术参与”四个方面，从“打通资源壁垒”“明确功能定位”“完善法律法规”“规范运营机制”“加强技术运用”五个方面提出对策建议。

我们在此倡议，随着时间银行被推向我国社区治理与公益慈善领域，根据美国、英国等国家的时间银行发展运行经验，为了构建中国国家信用体系、健全公益资产管理机制，我国有必要快速建立一个全国性的时间银行组织或平台。因此，建立时间银行联盟或者时间银行总行是一个应当持续探索的方向，需要政府、高校、企业、社会组织等多方力量的协同参与。政府在这一过程中应当发挥主导和监管作用，高校可以为时间银行长远发展提供智力支撑，企业可以为时间银行的发展提供专业化的技能和管理经验（尤其是有关大型国有企业可以为时间银行提供多种形式的核心资源），社会组织（如全国性的基金会）可以承担一定的管理运营、技术保障等职能。多元主体通力合作，可以最大限度地发挥时间银行的集约优势，进而统一管理，指导各地区、各层级的时间银行发展，使参与时间银行的各方实现互惠合作、资源共享。

在以全国范围内的实证研究来评估我国时间银行的本土化进程和发展现状方面，《报告》做了有价值的创新工作。 但是，在中国时间银行的实践中，我们需要持续关注谁应该加入时间银行、为什么加入，以及加入时间银行对个人、社区和组织的长远影响等议题。 我们希望后续能够对时间银行深入地开展调查研究，也希望与同领域的专家学者、实践者们一道，共同推动我国时间银行理论和实务进程更好更快发展。

北京大学人口研究所

时间银行课题组

目 录

CONTENTS

第一章　时间银行的兴起与发展

一、时间银行成立的缘起

1973 年，日本的水岛照子组织成立了一个全国性的义工网络组织，也是世界上第一家劳动银行的雏形——自愿义工网络（Volunteer Labour Network，VLN）。VLN 成立的背景是，20 世纪 70 年代初日本老龄化问题日益突出，日本政府养老福利政策出现资金短缺，导致政府负担过大。VLN 的成员主要为家庭妇女，该组织旨在组织、鼓励年轻人为需要帮助的老年人提供志愿服务。但在实践过程中，VLN 发现老年人之间的互助效果更为显著。劳动银行被很多学者视为时间银行的雏形。时间银行的概念则是由美国学者埃德加·卡恩于 1980 年正式提出的。最初，他将时间银行中流通的虚拟货币称为“时间美元”，作为一种交换中介鼓励和奖励人们建立强大的有弹性社区。埃德加·卡恩认为，劳动没有贵贱之分，劳动的价值只能用时间来衡量，同等时间的任何劳动都是等价的。因此，他提出了一种基于时间银行的志愿服务与互惠共享模式，即“以劳动为计量标准，将人们每次参与志愿活动的服务时间存入个人的时间银行账户，等自己需要服务时再从时间银行中支取，接受他人提供的志愿服务”。这种模式的时间银行将“时间”与“公益”挂钩，倡导社区成员积极利用闲散时间帮助有需要的人，把付出的时间以虚拟货币的形式存储起来，供成员在有需要时兑换他人的帮助。

一般认为，时间银行的兴起与美国爆发的经济危机有关。在美国经济萧条时期，随着失业率的攀升，经济上节约开支的需求促使越来越多的美国人参与社区的交换活动。美国各大媒体也不断将人们在社区内部交换服务的活动视为经济危机的连锁反应并大肆报道。至此，以时间银行为代表的社区交换服务体系开始得到重视并被推广至全国。1995 年，埃德加·卡恩在美国华盛顿注册成立“美国时间银行”（Timebanks USA），该组织成为美国本土所有时间银行的联盟组织（Umbrella Organization）①。他

---

① 联盟组织指的是一个总的组织，通常为较小的组织提供资源和标识。有时在这种安排下，联盟组织在某种程度上对它所照顾的团体负责。

系统总结了时间银行所提倡和践行的五种核心价值（2019）：

（1）资产：我们每个人都有一些能与他人分享的且有价值的事物。

（2）重新定义工作：有些形式的工作，例如促进儿童健康、维护和谐的家庭关系、促进社区发展、维护民主体制运转、促进社会公正等，无法用金钱衡量。时间积分可以通过奖励、认可和表彰等形式来激发人们投身于这些无法用金钱来衡量的工作中去。

（3）互惠：双向的帮助会让服务的效果更好。“我能为你做什么？”这一问题需要改成：“怎么通过互相帮助去建设我们共同的生活社区？”

（4）社交网络：通过彼此间的帮助重构一个充满社会支持、社会力量和人际信任的社区。

（5）尊重：每个人都值得被尊重。当有社区成员不被尊重的时候，我们都会受到这种行为带来的伤害。我们必须时刻处在尊重他人的状态，而非不尊重他人的状态。

美国时间银行一直致力于扩大时间银行的服务领域及其对个人、青年、家庭、社区、环境和世界的影响。美国时间银行也为其他合作伙伴提供运营培训、个性化咨询、战略规划和指导，以及大量的时间银行领域相关资源和研究成果等方面的支持，以此来改善时间银行的内容和服务。此外，美国时间银行也为 Community Weaver 软件的开发——时间银行互联网管理平台——提供技术支持，以优化时间银行的管理。

目前，时间银行已经在 30 多个国家和地区相继成立。美国、英国、日本、韩国、澳大利亚、新西兰、中国、塞内加尔、捷克、瑞士、德国、阿根廷、以色列、希腊和西班牙等国家都有时间银行机构或时间银行项目。全球已有 1 000 多个使用不同组织或机构命名的时间银行。部分国家的时间银行发展情况如表 1－1 所示。

表 1－1　部分国家时间银行发展情况

国　家	成立时间	名　　称	现有分支机构数量/家	会员数量/人
日本	1973 年	NALC	102（2020 年）	14 966（2020 年）
美国	1980 年	Timebanks USA	101（2021 年）	8 213（2021 年）
英国	2002 年	Timebanking UK	3 792（2021 年）	18 015（2021 年）
澳大利亚	2012 年	Timebanking Au	599（2020 年）	6 719（2020 年）

在上述国家中，美国的时间银行已初具规模且运行良好。其他国家关于时间银行的概念大多也源于美国。因此，不同国家和地区时间银行的运转具有一定的相似性。具体而言，时间银行有以下五个特点：

（1）应用范围广阔。时间银行概念不仅用于互助养老，而且经常用在社区融合、青少年教育、监狱活动、救灾等活动中。例如，在英国的 Gilwern Roots 社区，当地的时间银行组织志愿者通过开展清理社区垃圾、举办 Gil-Fest 社区节日等活动，来促进社区发展。

（2）业务发展与制度化建设同步。北京大学人口研究所联合牛津大学老年研究所开展了英国时间银行（Timebanking UK）项目调研。在调研中我们了解到，英国时间银行的推动者和培育者，已经就英国时间银行的可持续发展模式制定了保险、健康与安全、安全评估与教育、个人数据与保密等政策。英国时间银行从直接提供服务、统筹公益资源的服务型组织，成长为致力于制度建设、服务标准化的枢纽型机构，这意味着英国时间银行的运行模式已经进入一个新阶段。

（3）社会组织主导。北京大学人口研究所陈功教授带领的时间银行团队，通过研究美国和英国的时间银行发现，美国和英国的时间银行发展主要由社会组织所主导。例如，美国时间银行联盟和英国时间银行都是社会组织或慈善机构，但却推动了时间银行概念、机制、组织在美国和英国的快速发展。

（4）概念理论化。埃德加·卡恩在时间美元的基础上提出了合作共产理论。该理论的基础是一种构想，即建立一种用于认识四种核心价值的架构。这四种核心价值包含资产（社会的真正财富是人，每个人都能成为社会的建设者和贡献者）、重新定义的工作（工作应该被重新定义为培育健康的孩子、维护家庭、让邻里安全并充满活力、照顾体弱多病的人、纠正不公正、让民主可以运行）、互惠（从“你需要我”变成“我们彼此需要”）、社会资本（社会网络需要社会资本的持续投入，而社会资本是由信任、互惠和公民参与产生的）①。之后，埃德加·卡恩在四种核心价值的基础上增加了第五种价值——尊重。合作共产理论成为不同国家和地区时间银行发展的理论基础，全球的时间银行实践也都秉持了以五种核心价值为内核的理念。

（5）运营信息化。美国时间银行设计了 Community Weaver 软件。该机构联盟下的时间银行统一使用该软件，形成了全国通兑的局面。英国时间银行在引进美国时间银行 Community Weaver 软件的基础上，开发了自己的时间银行软件——Time

① CAHN E S. No more throw-away people：the co-production imperative［M］. Essential Books，2000.

Online 2，用于旗下时间银行机构。美国和英国时间银行机构统一了线上软件，这为时间银行服务的标准化、通兑化奠定了良好的技术基础。

二、国外时间银行发展回顾

（一）美国时间银行的发展

美国时间银行是社区货币体系中最成功的形式，在为老年人创造经济和社会资本方面可能比服务信贷银行（Service Credit Banking）更有效①。自 20 世纪 80 年代以来，世界上已经有三种基本的社区货币体系在运行：本地交易系统、伊萨卡时间系统和时间银行系统。自 1980 年埃德加·卡恩创立美国第一家时间银行开始，40 多年间美国时间银行获得了飞速发展。尤其是在 2001—2009 年，时间银行模式在美国广受欢迎，时间银行在多地出现，其中以新英格兰、西海岸和五大湖地区分布最广，可以说时间银行是美国最成功的社区货币形式。时间银行的会员规模从几人到 2 000 人以上不等，平均活跃会员数量约为 60 人②。

美国时间银行的组织运营类型相对灵活多样，主要分为两种：独立型和嵌入型。就嵌入型时间银行而言，其嵌入机构或组织千差万别。它们通常主要是各种社区发展组织（如邻里宣传和服务组织）的一部分，其次属于健康和精神健康组织，少数则由城市组织和宗教机构赞助。嵌入型时间银行可能对所有想要加入的人开放，也可能对会员资格加以限制。限制会员资格通常类似于“会员对会员项目”，仅限于嵌入组织的订购用户或者嵌入组织服务的城市居民参与。

总的来说，美国时间银行起步早、发展迅速，并且从多方面进行了探索与尝试。有外部资金支持和带薪员工，是时间银行取得成功并得以长期运营的重要因素（Collom，2008）。大多数时间银行进行交换的服务类型呈多样性特征，其中一些服务是技术性或专业性的，只能由具备特定技能和经验的会员提供。而其他服务对大多数会员来说，他们都能胜任，只需为他们提供宝贵的时间即可。美国时间银行发展面临的最大挑战是会员参与不足，其次是资金问题、会员及组织层面的挑战（如志愿成员的倦怠），而新会员招募及软件方面的挑战则相对较少。面对经济不景气、

---

① COLLOM E. Engagement of the elderly in time banking: The potential for social capital generation in an aging society [J]. Journal of Aging & Social Policy, 2008, 20 (4): 414-436.

② COLLOM E, LASKER J N. Equal time, equal value: community currencies and time banking in the US [M]. Routledge, 2016.

政府削减开支和医疗危机等问题，美国居民也越来越意识到重建社区和对环境负责是创造美好生活的必要条件。时间银行可以吸引各式各样的人，服务交换网络可以帮助人们满足各种需求。种种迹象表明，这正是时间银行发展的好时机。

（二）澳大利亚时间银行的发展

澳大利亚时间银行由新南威尔士州社区管理办公室于 2012 年 10 月成立，其初衷在于鼓励社区中的志愿互助服务，帮助社区成员融入社区。截至 2019 年，该时间银行已经在澳大利亚 75 个社区成立了分支银行。目前，澳大利亚时间银行拥有个人用户 6 719 人，其中 65 岁以上的老年人超过三成。时间银行本着“所有人的拥有物可以赠予他人”的信念，积极鼓励社区中的成员参与互助活动，并且定期举办大型社区集体互助活动。

与其他欧美国家的时间银行的发展不同，澳大利亚时间银行并非由民间自发建成，而是由官方牵头发起的。政府对时间银行的支持不仅体现在提供持续的财力支持上，还体现在政府聘请了专门的监督和评估机构，以保证时间银行的科学运行上。政府在澳大利亚时间银行的发展过程中起到了重要的推动作用。

在政府的支持下，加之澳大利亚社会浓厚的志愿氛围，时间银行在短时间内获得了快速成长。数据表明，澳大利亚时间银行的个人用户以年均千人的速度连年增长，现已经逼近 7 000 人，机构用户数量也增至 599 个（如图 1 - 1a 所示）。时间银行从最初的 4 个试点城市扩展至新南威尔士全州，并且继续扩展至邻近维多利亚州和昆士兰州，进而发展成为全国性的志愿组织乃至世界上最大的时间银行之一。澳大利时间银行组织的志愿活动每个月都非常活跃，月均志愿活动次数在 90 ~ 100 次，累计活动次数超过 7 500 次，累计志愿时间超过 5 万小时（如图 1 - 1b 所示）。澳大利志愿活动的规模也在不断扩大，单次志愿活动时长从建立之初的 4. 8 小时延长至 6. 9 小时（如图 1 - 1c 所示）。随着时间银行规模的不断扩大，其所提供的互助志愿服务也不断多样化。目前，澳大利亚时间银行的志愿服务范围十分广泛，包括监管、艺术创作、教学和运动等方面，而其中以提供照料服务这一项占比最大。

澳大利亚时间银行发展的重要经验之一在于其从成立之初就不断接受第三方的评估，政府可以凭此来确定时间银行分阶段的成效和不足。第三方评估后需对时间银行的未来发展提出针对性建议，并且提供评估报告。对时间银行的相关评估报告在新南威尔士志愿中心的网站上公开发布，接受公众监督。历次的评估报告都对澳大利亚时间银行的发展做出了重要贡献。例如，评估报告肯定了时间银行在小型社区中推动志愿服务的重要意义，这推动了时间银行继续以小型社区为服务方向；评

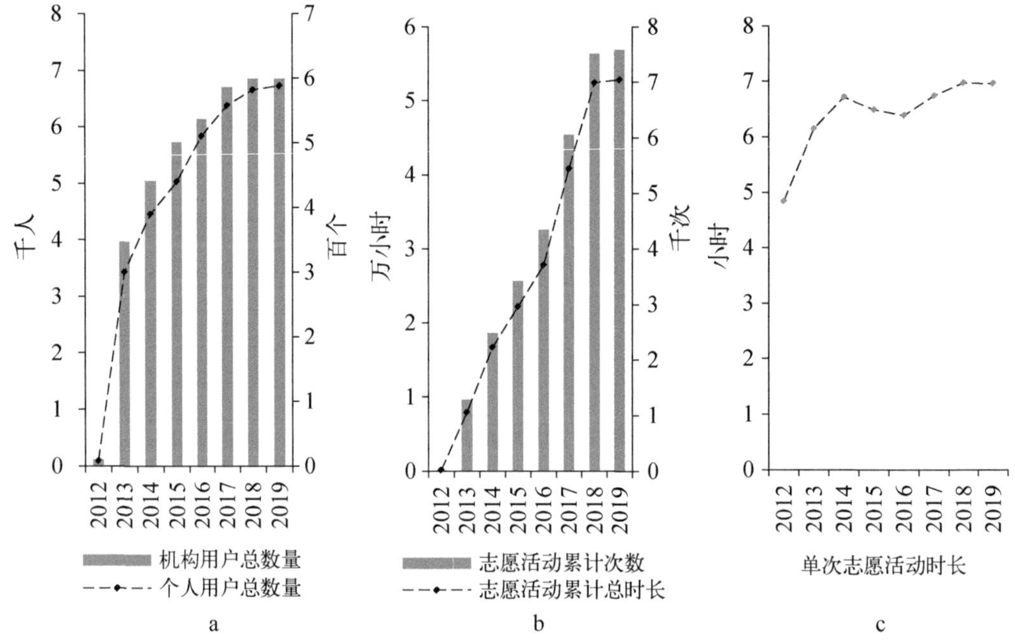

图 1-1　澳大利亚时间银行的发展状况一览

估报告建议减少政府的干预，这提高了时间银行的自主性；评估报告强调了时间银行和就业市场的联结对用户的激励作用，这增加了时间银行对用户技能学习的关注；评估报告对不活跃的用户进行了分析，这对更好地吸纳新成员、拓展社交媒体等新的宣传途径指明了方向。

整体来看，澳大利亚时间银行的推广策略取得了较好的效果。澳大利亚时间银行的用户对互助志愿的体验反馈良好，对志愿活动有较高的满意度。一项关于新南威尔士州的时间银行用户抽样调查数据表明，70%的用户认为加入时间银行带来了良好的自我感受，78%的用户表示志愿体验非常好或者良好。澳大利亚时间银行项目不仅明显提高了志愿者的社区归属感，提升了志愿活动的积极性，也对参与其中的用户的心理健康起到了促进作用。

（三）日本时间银行的发展

日本作为全球人口老龄化程度最高的国家之一，其时间银行的发展脉络与日本人口老龄化进程高度相关。20 世纪 70 年代初，日本的 65 岁及以上人口比例超过 7%，日本正式步入老龄化社会①。日本学者水岛照子于 1973 年创立了 VLN，旨在将养老服务供给拓展至社会层面，以摆脱对传统家庭养老方式的依赖，确保老年人生

① 石甜甜. 日本少子老龄化的社会影响、政策演进及启示［J］. 江西社会科学，2020，40（8）：221－230.

活得自主且安全。20世纪80年代中期，日本的65岁及以上人口比例超过10%，超速老龄化问题推动了大量照护老年人的社区志愿组织和群体的快速发展。1983年，VLN已拥有3 800名会员，在日本各地设有262个分支机构①。20世纪90年代中期，日本的65岁及以上人口比例达到14.6%，有老年人的家庭约占29.1%。为弥补养老储备力量的不足，日本政府于1995年正式颁布了《老龄社会对策基本法》，就老年人健康福利和社会参与等问题做出积极回应。1998年，日本政府又颁布了《特定非营利活动促进法》，赋予从事医疗保健、社会福利等特定领域的志愿服务团体法人资格，旨在促进非营利法人组织的健康发展。在这些法律的推动下，日本规模最大的时间银行机构——日本积极生活俱乐部（Nippon Active Life Club，NALC）——由高畑敬一于1994年正式创立。高畑敬一在吸取美国时间银行经验、深入了解社会福利政策的基础上，采用了埃德加·卡恩的“时间美元”模型。

与VLN不同的是，NALC的会员以50岁及以上的中老年人群为主，同时招收年轻人，但只有50岁及以上的人群可以获取时间银行的积分。这一志愿服务主体界定方式使得老年人得到社会的正面承认和积极定义，而不再被简单刻画为需要帮助的弱势群体。NALC还鼓励夫妻共同加入，机构内夫妇成员比例高达70%，其中男女比例约为1∶1。在日本，男性担任护理工作在20世纪90年代尚属少见，因而NALC的创立也是对传统两性分工观念的一种挑战。男性退休人员的加入，使得时间银行的活跃成员不再局限于家庭主妇群体。另外，NALC还开发了企业、商店支援制度，使用时间银行的积分可以在国立文乐剧场、指定酒店内享受优惠折扣。这些运作模式的创新使得NALC发展成现今日本规模最大、支部数量最多的时间银行（如表1-2所示）②。

表1-2　日本时间银行VLN和NALC概况

	VLN	NALC
成立时间	1973年9月	1994年4月
NPO法人认证	2001年1月	1999年6月
会员数/人	无数据	14 966（截至2020年3月）

① 泉留維. 日本における地域通貨の展開と今後の課題［C］//専修経済学論集，2006.

② 陈功，吴振东，许可，等. 日本时间银行发展历程及对中国的启示［J］. 调研世界，2021（11）：73-80.

续 表

	VLN	NALC
支部数/个	60（2020年）	102（截至2020年7月）
费用/日元	入会费：200日元（当月距下一个四月的月数）； 年会费：2 400日元	无入会费； 年会费：3 000日元（夫妻入会，只收取一人费用）
时间货币管理	发行纸质联票	设立时间银行账户
海外先例	无	“时间美元”（美国）

数据来源：VLN和NALC网站。

尽管在市场经济的浪潮中，日本时间银行的互助养老模式也开始发生部分转向，但市场化运作并不是日本时间银行真正意义上的价值导向。以VLN为例，其宣传理念是“劳动没有通胀，以爱为货币，利息是友情”，强调爱与信任关系的价值构建。相较于时间交换上的等价利益计算，日本时间银行更重视人际接触和友谊的价值；相比于被服务一方的便利，日本时间银行更强调助人一方由此得到的宝贵回忆和时间管理能力的提升。在水岛照子看来，助人者能够通过自主利用个人的时间做有意义的事，从而享有更丰富、自由的老年生活①。除了水岛照子，日本其他时间银行的创始人也都将创建时间银行的动机描述为希望为机构成员提供一个“活着的意义”的来源。他们认为，真正的“活着的意义”来自人际关系，人们可以向在这方面善于提供帮助的老年人学习。

纵观日本时间银行的发展历程，日本时间银行在引入“经济人”思维的同时，也兜住了“道德人”的底线。例如，VLN把服务性质分成互助、义务劳动和有偿援助，允许会员以不低于市场劳务的价格向非会员提供有偿帮助。又如，NALC建立了企业和商店支援制度，人们可以使用时间银行积分在指定消费场所享受优惠折扣。但金钱或物质的兑换并不是日本时间银行的真正目的，过分强调“经济人”思维会扭曲时间银行志愿精神的“道德人”本质。“活着的意义”的共通价值既是日本各时间银行发起者的动机，也是退休人群、家庭妇女加入时间银行的共同理由。日本时间银行的真正价值取向强调爱与信任关系的构建，重视人际接触和友谊的价值。我国古代社会就存在与时间银行相类似的朴素的互助互利思想和农忙互助的实践。因此，我

① 水島照子. プロの主婦・プロの母親［M］. 京都： ミネルヴァ書房，1983.

国时间银行的本土化要兜住“道德人”底线，大力弘扬中国特色社会主义核心价值观和互帮互助的中华优秀传统文化，强调人与人的互助，凸显爱的作用与奉献精神，避免时间银行陷入市场经济价值规律陷阱而丢失时间银行的公益与道德属性①。

（四）英国时间银行的发展

英国的第一家时间银行组织是公平份额（Fair Shares）时间银行，它于 1998 年在斯通豪斯成立②，随后时间银行在英国开始快速发展。为支持时间银行的发展，英国成立了全国性的时间银行联盟组织——英国时间银行（Timebanking UK，TBUK）。作为时间银行的推动者和培育者，该联盟组织对时间银行提供知识和技能分享、专业指导、技术支持与培训，帮助其更好地运营。目前，加入 TBUK 的时间银行有 3 713 家③。因为英国还有部分时间银行尚未加入 TBUK，所以英国的时间银行数量实际上会更多些。

从政策体系上看，TBUK 有完善的政策保障体系：一是制定健康和安全政策，厘清时间银行交换活动风险，明确组织和员工的责任；二是制定平等与弱势群体保护政策，关注时间银行工作人员、会员、被服务人员等不同人的权利与机会平等；三是制定数据及隐私保护政策，注重个人数据使用的合法性和合理性。

在英国，时间银行被视为一种能够减少社会排斥、改善邻里关系、使社区变得更加强大的工具。英国的一些社区，甚至将时间银行中的“时间积分”（Time Credit）视为评价邻里忠诚度的一项指标④。因此，英国的时间银行更关注社区中人际交往能力差且感到孤独的人群。

同时，英国还将时间银行应用于医疗卫生领域。例如，公平份额时间银行拥有高水平的专业医疗团队，专门为老年人或残疾人提供家庭照料。莱西格林时间银行（Rushy Green Time Bank）是英国首家提供卫生保健互助服务的时间银行，位于伦敦东南部的一个全科医疗中心⑤。它拥有高水平的专业医疗团队，旨在缓解社会隔

---

① 陈功，吴振东，许可，等. 日本时间银行发展历程及对中国的启示［J］. 调研世界，2021（11）：73－80.

② GILL S. Harnessing the potential of the social economy? Time banks and UK public policy［J］. International Journal of Sociology and Social Policy，2006，26（9/10）：430－443.

③ Timebanking UK. Timebanking in numbers［EB/OL］.（2019－10－20）［2022－7－21］. https://www.timebanking.org.

④ 蔡婷婷，曹梅娟. 国内外时间银行下的互助养老模式研究现状［J］. 护理学杂志，2016，31（10）：111－113.

⑤ Rushey Green Time Bank. Local people sharing time and skills to build happier，healthier communities［EB/OL］.（2019－09－10）［2022－07－21］. https://www.rgtb.org.uk/_files/ugd/7db68e_b8de26e483ac418fb0cb53a6b45439d0.pdf.

离和增进健康福祉，其理念是使在社区中人际交往较差并感到被孤立的患者，通过在时间银行与他人的互助活动中发现自身对社区的价值，提高自我效能感，促进患者的康复。当地医生、护士以及其他医疗保健工作者或其他服务提供者在遇到存在社交障碍问题或被孤立的患者时会将其转介到时间银行，旨在使患者通过参加时间银行的互助活动（如拜访他人、提供生活服务等）促进康复①。在一些诊所开展的时间银行项目中，会员可以定期到诊所帮助全科医生及其工作人员为注册患者开展服务，同时对新的服务提出建议，并且从患者那里得到反馈，以改善服务的提供方式②。

作为英国时间银行的联盟组织，TBUK 通过与有关健康协会、联盟组织等合作，为居民提供卫生保健服务，提高居民健康水平。此外，TBUK 还会受政府的委托，与上述有关健康协会、联盟组织等签订合作协议来实现政府的健康促进目标。例如，2021 年 TBUK 的“Timebanking Together Activity”项目，得到了英格兰体育理事会（Sport England）和英国残疾人权利基金（Disability Rights UK）的资助，鼓励时间银行会员与健康状况不佳的人或残障人士一起开展体育活动，让这些人通过参与时间银行互相激励，养成更加积极的生活方式和生活态度。2012—2013 年，英国卫生部与 TBUK 达成合作协议，在 14 个地区实施“Keeping Older People Independent”项目，旨在使老年人能够在自己的家中保持独立。该项目涉及 92 名全科医生、1 661 名老年人，共交换 2. 8 万个小时的服务。鉴于卫生保健服务的专业性，政府在与 TBUK 达成合作协议后，还会为 TBUK 会员提供专业培训，以提升他们的服务能力和水平③。

三、中国台湾地区时间银行发展概况

20 世纪 90 年代，中国台湾地区开始出现老龄化的社会现象，进而引发了一系列老年人长期照护人力短缺的问题。因此，中国台湾地区的志工时间银行制度应运而生。志工时间银行的在地实践，让社区中需要被照护的老年人获得了应有的关心与协助，同时也让无助的老年人有了新的生活目标。时间银行在中国台湾地区近 30 年

① Feder J, Howard J, Scanlon W. Helping oneself by helping others: Evaluation of a service credit banking demonstration [J]. Journal of Aging & Social Policy, 1993, 4 (3/4): 111 - 138.

② Rushey Green Time Bank. Local people sharing time and skills to build happier, healthier communities [EB/OL]. (2019 - 09 - 10) [2022 - 07 - 21]. https://www.rgtb.org.uk/_files/ugd/7db68e_b8de26e483ac418fb0cb53a6b45439d0.pdf.

③ 陈功，王笑寒. 我国“时间银行”互助养老模式运行中的问题及对策研究 [J]. 理论学刊，2020 (6): 132 - 140.

的发展历程中，吸引了多种社会主体的参与，总体上沿着民间自发组织和官办民营两条主线推行。

1995 年，弘道老人福利基金会将时间银行引入中国台湾地区，成为第一个开始推动中国台湾地区时间银行的机构，鼓励普通民众参与志愿服务，为步入老年阶段做准备。中国台湾地区的时间银行可提供的服务形态，除了基本的老弱残障照顾、生活起居料理、居家环境清扫之外，还有其他协助模式，如电脑打字缮写、文件书籍整理、衣服尺寸修改等。2010 年，弘道老人福利基金会正式成立“互助连线中心”，以有系统、有组织的方式逐步在中国台湾地区布点，鼓励有意愿或已从事老年服务的团体志工申请加入，由据点负责人协调联系且年龄不限定于 65 岁以上。此后，该基金会的“弘道时间银行”模式得到迅速推广。截至 2017 年年底，中国台湾地区共有 108 个志工团队加入“互助连线中心”项目。

新北市在 2012 年推出的布老时间银行是中国台湾地区第一个公办公营的时间银行。在此之前，新北市已有银发俱乐部、公共托老中心等照护机构。但新北市公共事务管理机构发现，台湾地区的独居老年人占比日渐升高，即使是社会经济地位不差的老年人，同样面临独居的情形。因此，有关部门希望通过时间银行的成立来鼓励各年龄层的志愿者加入为老服务，补足现有体系的不足。新北市有关机构于 2013 年 10 月推出了“新北市布老时间银行——高龄照顾存本专案”，积极招募志工。2014 年 4 月 12 日，布老管理中心成立，正式推动各项服务。据台湾地区《联合报》报道，截至 2017 年 9 月，2 114 名布老志工已累计提供服务超过 20 万小时。

尽管中国台湾地区时间银行的实施范围并没有我们想象中那么普及，且同样面临着与一些时间银行先行地区在早期探索阶段出现的“存多取少”“价值认定难统一”等问题，但无论是公共部门，还是民间组织，都在积极探索着时间银行所倡导的互助共享价值，致力于充分发挥时间银行在志愿公益资源分配中的功能。自 1995 年以来，各种各具特色的时间银行方案陆续在中国台湾地区展开实践行动。有些方案以时间货币为核心概念，同时结合社区经济，试图借由各种服务交换的形式，促进社区互助，激活社区内部的消费；有些方案则针对台湾地区对长照服务的需求，推出“照顾存折”或“存本”的概念，解决照顾人力短缺的问题①。由于文化背景和传统习俗的高度一致性，中国台湾地区的时间银行发展脉络可以为我们探究大陆的时间银行发展提供有益借鉴。

---

① 吴明儒，周宇翔. 台湾时间银行实施经验之探索性研究：社会网络分析的观点［J］. 台湾社区工作与社区研究学刊，2017，7（2）：45－95.

四、时间银行发展的整体启示

时间银行发展过程中的经验和教训对我国当下探究时间银行模式、积极应对人口老龄化具有重要的借鉴意义。

1. 老老互助是正式照料体系的重要补充

在老年照料需求不断增长的趋势下，提倡老老互助是未来应对人口老龄化的重要举措。澳大利亚通过时间银行等志愿互助机构聚集志愿者力量，鼓励社区中有能力的老年人帮助有需要的老年人。这样可以帮助老年人回归和参与社会，为老年人赋能，提高社区凝聚力；同时，老老互助也成为正式照料体系的重要补充，可以缓解老年照料的压力。截至 2021 年年底，我国 60 岁及以上老年人达到 2. 67 亿，占总人口的 18. 9%。如若参照澳大利亚 12%的老老互助比例，将有超过 3 000 万的老年人能够为其他老年人提供照料支持。鼓励老老互助是未来缓解我国正式照料体系巨大压力的新方向。

2. 政府的支持和引导不可缺位

无论是老年志愿公益的参与，还是时间银行的壮大历程，都可以反映出澳大利亚政府在其中扮演了极其重要的角色。澳大利亚政府的介入，为老年志愿者提供了法律保护，也使时间银行从无到有，在极短的时间内完成了快速发展。澳大利亚的经验在于，政府的介入对老年照料和志愿体系是必要的，而且是有效的。目前，在我国人口老龄化不断深化和老年志愿服务稳步推进的情况下，由政府推动和规范老年志愿服务的发展必不可少，也是未来的方向。时间银行在我国已有 20 余年的发展历程，但面对老年志愿服务和时间银行，官方的角色仍然存在一定的缺位，因而对老年志愿服务的介入应该成为我国政府未来的重要责任之一。

3. 建立统一的记录和兑换平台

时间银行的运行需要统一的记录、兑换和风险防御体系。如果时间银行只停留在基于社区、本地的纸质账本或地区性的记录兑换体系中，一旦发生人员居住地迁移、管理人员调换，就会出现诸多信息流失的问题。此外，信息发布和共享平台不统一，会直接导致交换的供给和需求匹配不够充分；兑换体系的不统一，会直接导致人们对时间银行信誉问题和风险承担能力产生怀疑。因此，建立统一的记录、兑换和管理运营体系十分重要。美国自 20 世纪 90 年代成立时间银行以来，一直致力于统一管理平台和 APP 的运营，为诸多大大小小的时间银行提供管理平台的技术支持。

只有尽早建立统一的管理平台，真正达到需求匹配，实现“通存通兑”①，才能促进时间银行的持续、健康和有序的发展。

4. 加强第三方评估监督

澳大利亚时间银行发展的重要启示是其从成立之初就不断接受第三方的评估。澳大利亚时间银行在得到政府的介入和资金支持的同时，也因为第三方评估而必须提高资金使用的效率，努力扩大用户的数量并且提高用户的满意程度。我国老年志愿活动和时间银行尚缺乏评估这一环节，往往是在志愿活动举办之后，开展举办方的自我评价，缺乏来自第三方的评估。因此，引入第三方的评估机制，由专业机构进行评估，不失为促进老年志愿发展的新思路。

5. 加强本土化创新和实践

要使时间银行在应对人口老龄化的过程中发挥积极作用，我们就必须对时间银行的本土化实践加强研究，立足于国情进行大胆的探索、创新和总结。在美国时间银行发展的早期阶段，很多地区在应对人口老龄化和在地养老的压力中成立了时间银行。但随着时间的推移，越来越多的时间银行开始注重结合各个年龄阶段的人群的力量，积极将年轻人融入进来，进而使时间银行的人群结构得到优化。越来越多的实证研究表明，时间银行在年轻群体中也能发挥良好的作用②。我国时间银行的发展也要坚持本土化的实践经验，注重让年轻人更好地融入、参与这一过程。只有从国情出发，将时间银行的发展扎根于中国文化和特色之中，我们才能更好地发挥时间银行在积极应对我国人口老龄化中的作用。

6. 加强时间银行与卫生保健融合

英国成功地利用时间银行为居民提供卫生保健服务，以促进居民健康。这一宝贵经验包括：第一，卫生保健机构作为会员单位或合作单位乃至主办单位，通过时间银行为居民提供卫生保健服务，由此保证服务的专业性；第二，TBUK 作为时间银行代表机构与政府合作，借助专业培训，极大地提高了时间银行的卫生服务能力与影响力；第三，政府作为卫生保健服务的资源链接者，为利用时间银行实现健康促进目标提供了强有力的政策、资金和技术保障。目前，我国面临日趋严重的人口老龄化问题，老年人对医疗保健的需求日益增长，而医疗保健资源不足问题依然在一

① 陈功，黄国桂. 时间银行的本土化发展、实践与创新：兼论积极应对中国人口老龄化之新思路［J］. 北京大学学报（哲学社会科学版），2017，54（6）：111－120.

② MARKS M B. Time banking service exchange systems：A review of the research and policy and practice implications in support of youth in transition［J］. Children and Youth Services Review，2012，34：1230－1236.

定程度上存在着，老年人的需求难以得到较好的满足。因此，我国可在借鉴英国的成功经验的基础上，结合我国国情，通过政策支持或鼓励各地政府主办时间银行等形式，扫清时间银行与卫生保健机构合作的障碍，将时间银行打造成为卫生保健服务的链接平台，使更多有需要的老年人获得更高质量的卫生保健服务。

第二章　我国时间银行的引进、概念和发展历程

一、我国发展时间银行的背景

（一）人口老龄化及老龄人口特征的转变

20世纪90年代以来，我国老龄化进程明显加快，老年人口抚养比持续上升，养老需求日渐旺盛。然而，我国在尚未实现现代化、经济尚不发达的情况下提前进入老龄化社会，应对人口老龄化挑战的经济基础、养老保障制度和养老服务体系还比较薄弱。[①] 第七次全国人口普查数据显示，当前，在我国60岁及以上人口中，60~69岁的低龄老年人口占55.83%，占比较高且大多拥有一定的技能，身体素质也较好，属于活力老年人。“十四五”时期，我国老年人需求由生存型向发展型、享受型转变，老年人文化素养进一步提高，为实现“把老有所为同老有所养结合起来”提供了丰富的人力资源。

2021年8月，习近平总书记在河北省承德市高新区滨河社区居家养老服务中心考察时，对创建时间银行的新举措表示肯定。他在讲话中指出，要把老有所为同老有所养结合起来，研究完善政策措施，鼓励老年人继续发光发热，充分发挥年纪较轻的老年人作用，推动志愿者在社区治理中有更多作为。同年11月发布的《中共中央 国务院关于加强新时代老龄工作的意见》指出：“把老有所为同老有所养结合起来，完善就业、志愿服务、社区治理等政策措施，充分发挥低龄老年人作用。”因此，我国老年人需求的转变为推动时间银行的发展，特别是低龄老年人为高龄老年人提供互助养老的养老服务时间银行的发展提供了较好的机遇，同时让“老有所为”服务于“老有所养”，为破解“老有所养”领域中人力资源短缺难题提供了新思路，为更有效地推进我国养老服务体系建设指明了努力方向。[②]

---

① 2009年度中国老龄事业发展统计公报［J］. 中国社会工作，2010（20）：48-50.

② 陈功，何丽平. 把老有所为同老有所养结合起来［J］. 中国人口报，2021-12-09.

（二）家庭结构转变，养老功能弱化

我国家庭结构总体呈现出小型化、核心化的发展趋势，“四二一”家庭[①]比例逐年上升，空巢老年人比例呈上升趋势。家庭功能的弱化带来了用于养老照料等方面的家庭资源的稀缺。[②] 但家庭养老仍是我国绝大部分老年人最偏好的养老方式。构建居家、社区、机构相协调的养老服务体系，就要确立多个责任主体，将家庭、社会和个人结合起来，探索社会化养老的新道路。当前社区养老功能的日益完善与志愿服务的兴起就为基于信任与交换的时间银行互助养老模式的建立提供了现实的可能性。

（三）志愿服务文化兴起带来发展机遇

习近平总书记指出，要健全社会参与机制，发挥有关社会组织作用，发展为老志愿服务和慈善事业。2017 年 12 月，《志愿服务条例》正式施行，我国志愿服务迈入法制化建设阶段。党的十九届五中全会指出，健全志愿服务体系，广泛开展志愿服务关爱行动。为老志愿服务是志愿服务的重要内容，也是弘扬志愿精神和孝亲敬老的传统文化的重要方式。探索时间银行志愿服务模式对完善志愿者管理、激励志愿服务参与、建设互惠社会等都有非常重要的作用。

（四）推进国家治理体系和治理能力现代化的基层创新的重要抓手

党的十九届四中全会提出打造“共建共治共享”的社会治理格局的新要求。在新冠疫情的影响下，社会治理的精细化、网格化，以及老年人的本地化服务等受到更多的重视。养老服务时间银行为推动老龄社会治理提供了新的手段与工具。2020 年 10 月，党的十九届五中全会提出，要重视发挥群团组织和社会组织在社会治理中的作用，畅通和规范市场主体、新社会阶层、社会工作者和志愿者等参与社会治理的途径。时间银行作为平台和工具，将有助于打通公益与慈善在第三次分配中的作用，在社区内部的志愿服务能够以人人参与、人人共建、人人共享的方式，实现社区居民自治中的良性互动。它是加强和创新社会治理的重要方式，也是推进国家治理体系与治理能力现代化的基层创新的重要抓手。

（五）大数据区块链技术赋能平台的建设与发展

随着信息化技术的快速发展，尤其是“大数据和区块链技术”介入时间银行数字化平台建设，进一步完善了时间银行的运行机制，促进了时间积分存兑过程的公平参与、合理兑换、有效激励。时间银行作为志愿服务的一种计量工具和平台媒介，

---

① “四二一”家庭，指由祖父、祖母、外祖父、外祖母四人，父亲、母亲二人和一个独生子女所构成的家庭。

② 彭希哲，胡湛. 公共政策视角下的中国人口老龄化［J］. 中国社会科学，2011（3）：121－138.

同时也是一种融合了前沿技术和先进理念的沟通工具，能够在一定程度上解决各主体间信息不对称的问题。时间银行在运行过程中，有着融合前沿技术的内生趋势，在一些案例中，已经有时间银行融合区块链技术发展的落地应用。例如，中国银行融合大数据、区块链等信息技术，开发了时间银行公益平台供社会免费使用。目前，时间银行公益平台已在北京、上海等地推广，形成了一定的社会影响力，实现了时间银行社会资源在更大范围内的流通。① 因此，基于大数据和信息化的时间银行将成为国家治理体系现代化的重要组成部分，可以为打造“共建共治共享”社会治理格局提供新的路径支持。

二、我国时间银行的概念及其发展

我国时间银行在本土化过程中产生了许多各具特色的实践形式，如“道德银行”“爱心银行”“公益银行”等。这些“银行”虽名称各异，但内核没有本质区别：志愿者参与服务活动，然后将自己所提供的服务以时间为单位记录在个人时间存储账户中，等到自己需要帮助的时候，可以申请从账户中支取相等的服务时间。②

自时间银行的概念和实践被引入我国后，学界围绕时间银行在中国本土化实践中的特质，从不同层面对时间银行的概念进行了界定和探讨。王泽淮（2003）突出了时间银行的志愿服务性，认为时间银行有两种形式。广义的形式是指，各年龄阶段的人参与志愿者服务活动，积累服务时数，待自己需要别人提供服务时，可享受同等时数的免费服务；狭义的形式是指，低龄老人志愿者参与为高龄老人提供服务的活动，积累服务时数，待自己需要别人提供服务时，可享受同等时数的免费服务。因此，时间银行的实质就是个体在为别人提供志愿服务的同时也能享受别人所提供的志愿服务。③ 马贵侠（2010）认为，时间银行更多的是强调居家养老的“互助”性质。④ 刘妮娜（2020）拓展了时间银行互助的外延，认为时间银行应该发挥社区治理的作用，中国特色的时间银行对应着互助话语而非仅是志愿话语，我国时间银行应

---

① 陈功，索浩宇，张承蒙. 共建共治共享的社会治理格局创新：时间银行的可行路径分析［J］. 人口与发展，2021，27（1）：16－24.

② 王晓露.“爱心银行”服务模式研究：以深圳B工业园区“爱・储存”服务项目为例［D］. 合肥：安徽大学，2017.

③ 王泽淮. 时间银行：社区志愿者服务的新形式［J］. 社区，2003（12）：23.

④ 马贵侠. 论“时间银行”模式在居家养老中的应用［J］. 南京理工大学学报（社会科学版），2010，23（6）：116－120.

当探索从志愿服务计划向社区货币拓展，将微观互助行为与中观互助组织连在一起，由专业社会组织、企业运营，以推动构建具有中国特色的党委领导、政府负责的互助社会——福利经济体和社会治理共同体。① 陈功（2020）强调时间银行的组织制度性，认为时间银行是对时间货币的具体表达，将吸收“存款”、发放“存款”、管理、结算与养老服务结合起来②，指出时间银行是一种帮助志愿者将志愿服务时间存入个人账户、在需要时取出以换取他人服务的组织架构。③

综上所述，学界对时间银行概念、内涵的界定一般围绕实践的四个特质：一是志愿服务性；二是互助性，多用于养老领域，依赖参与者之间的互惠互信来运行④；三是社区治理性；四是较高的组织制度性，具有较完善的存取制度。这四个特质互相影响，与社会治理、文化和经济、技术的发展相联系，进而使时间银行得以健康发展。

三、我国时间银行的发展历程

根据时间银行在我国的实践过程，结合相关学者的已有研究，我们将时间银行的发展历程划分为三个阶段。

（一）萌芽期（1998—2007 年）

时间银行最早传入中国是中国老龄科学研究中心的一些学者在马耳他参加学术交流会议后实现的。⑤ 当时，学界将国外的 Time Bank 翻译为“时间银行”，将 Time Saving 翻译为“时间储蓄”。这一时期，时间银行被看作一种应用在互助养老领域的志愿服务创新模式。

在我国，最早对时间银行进行探索实践的是上海市。1998 年年初，上海市虹口区提篮桥街道晋阳居委会创办了以“时间存储”模式为主的实践形式，成立了提供为老服务的“劳务银行”，制定了一系列具体实施办法。为了使服务和工作更规范，使支取服务劳务时间更有依据，提篮桥街道于 1998 年年底初步制定了《储存时间式

① 刘妮娜. 论中国时间银行的特色及发展逻辑［J］. 城市问题，2020（7）：47－55.

② 陈功，王笑寒. 我国“时间银行”互助养老模式运行中的问题及对策研究［J］. 理论学刊，2020（6）：132－140.

③ 陈功，黄国桂. 时间银行的本土化发展、实践与创新：兼论积极应对中国人口老龄化之新思路［J］. 北京大学学报（哲学社会科学版），2017，54（6）：111－120.

④ 陈伟东. 城市社区自治研究［D］. 武汉：华中师范大学，2003.

⑤ 陈功，杜鹏，陈谊. 关于养老“时间储蓄”的问题与思考［J］. 人口与经济，2001（6）：67－73.

为老服务实施办法》。[①] 晋阳居委会的为老服务“劳务银行”实践为我国开展时间银行互助养老奠定了良好的基础。在晋阳居委会开展时间银行养老实践的基础上，上海市老龄委确定了以老年生活护理互助会的形式来开展养老服务，制定了一系列试点章程及操作性较强的管理实施办法，会员主要通过“货币互助”和“劳务储蓄”两种形式参与互助。1999 年 7 月 1 日，上海市虹口区和静安区继续试行“时间储蓄”式互助服务，实行劳务储存。互助会的成员将参加会内服务的时间储存起来，待有需要时再提取相当数量的服务时间。为准确记录志愿服务的时间，每个会员都有一本全市通用的存折，可以转让和继承。[②] 20 世纪末，上海对时间银行的实践探索引起了较大关注，有关经验也为其他地方开展时间银行互助养老服务提供了良好的范本。随后，太原市、广州市、北京市朝阳区也相继成立了各有特色的时间银行机构。但是，这些实践大多在部分大城市中零星分布，规模较小且相对封闭，并且几乎全部致力于养老服务。

这一时期我国时间银行从无到有，呈现出较快的发展态势，并且在实践中进行了许多本土化的尝试创新。但是，顶层设计的缺失和实践经验的不足导致这一时期创立的时间银行规模小、不规范、发展无序，因此绝大多数时间银行难以实现长久经营。总体而言，这一时期我国时间银行的实践比较零散，基本上集中在社区范围内，并且由于前期不成熟的运行条件而使其发展并不顺畅。以晋阳居委会的时间银行为例，因为对不同服务缺乏换算标准、宣传不到位，存在参与人数不足、高龄老人需求多、服务人数少等问题，所以在 2003 年晋阳居委会成员换届之后，时间银行停办。

（二）探索期（2008—2018 年）

随着我国人口老龄化程度的加深和我国志愿服务政策体系的发展，时间银行数量逐渐增加，规模逐渐扩大，并且在北京奥运会举办之后迎来了一个加速发展的阶段。[③] 这一时期，一部分学者认为时间银行是一种“基于时间存储的互助养老服务”。[④]

进入 21 世纪，我国的老龄化形势日趋严峻，时间银行在解决养老问题方面的潜

---

① 穆光宗. 建立代际互助体系 走出传统养老困境［J］. 市场与人口分析，1999，5（6）：33－35.

② 公衍勇. 农村集中自助型养老模式构建研究［D］. 湘潭：湘潭大学，2010.

③ 陈功，黄国桂. 时间银行的本土化发展、实践与创新：兼论积极应对中国人口老龄化之新思路［J］. 北京大学学报（哲学社会科学版），2017，54（6）：111－120.

④ 陈功，索浩宇，张承蒙. 共建共治共享的社会治理格局创新：时间银行的可行路径分析［J］. 人口与发展，2021，27（1）：16－24.

力得到政府层面的重视，加之时间银行的组织架构与管理规范日趋完善，各地政府对时间银行的实践也给予了更多的支持，开始逐步出台支持时间银行发展的政策条例。2011 年通过的《浙江省老龄事业发展“十二五”规划》明确指出，要广泛建立时间银行制度。2012 年出台的《郑州市人民政府关于加快推进居家养老服务工作的意见》明确提出，建立公益服务“时间储蓄”制度。同年通过的《天津市老龄事业发展“十二五”规划》明确提出，成立志愿者劳动时间储蓄银行，完善志愿者服务激励机制。2015 年，北京市出台了探索“养老志愿服务时间储蓄工作”的相关条例。2016 年，民政部、中共中央组织部、中央综治办等十余个部门联合印发的《城乡社区服务体系建设规划（2016—2020 年）》明确指出，要健全时间银行等志愿服务回馈制度。2018 年，《志愿服务条例》颁布后，武汉、西安等地陆续出台文件，明确支持探索时间银行养老模式。表 2－1 列出了部分时间银行支持性政策文件。

表 2－1　部分时间银行支持性政策文件（一）

政策名称	发布时间	相关内容	颁布部门	效力等级
关于印发浙江省老龄事业发展“十二五”规划的通知（浙政发〔2011〕59 号）	2011 年 8 月 5 日	广泛建立时间银行制度，进行志愿服务储蓄，促进为老志愿服务持续健康发展	浙江省人民政府	地方工作文件
郑州市人民政府关于加快推进居家养老服务工作的意见（郑政〔2012〕13 号）	2012 年 3 月 12 日	建立公益服务“时间储蓄”制度，本着自愿和量力而行的原则，鼓励低龄老年人采取自愿结合的方式，开展家庭式互助养老；组织社区人员为老年人开展各种公益服务，采取时间或劳务储蓄的方式，对其服务时间和服务内容予以记录，作为今后为自己开展免费居家养老服务的依据	郑州市人民政府	地方工作文件
关于印发天津市老龄事业发展“十二五”规划的通知（津政办发〔2012〕76 号）	2012 年 7 月 1 日	依托我市志愿者联合会及其他社会团体力量，鼓励中青年志愿者为老年人服务、低龄老年人为高龄老年人服务；探索建立志愿者劳动时间储蓄银行，完善志愿者服务激励机制，在社区服务中心建立志愿者服务档案，记录服务时间和服务质量，达到一定标准后，志愿者本人需要服务时，可申请享受同等服务	天津市人民政府	地方工作文件

续 表

政策名称	发布时间	相关内容	颁布部门	效力等级
北京市居家养老服务条例	2015年1月29日	推行社区老年人和志愿者登记制度，探索建立为老年人志愿服务时间储蓄和激励机制	北京市人大	省级地方性法规
城乡社区服务体系建设规划（2016—2020年）民发〔2016〕191号	2016年10月28日	在城乡社区推行志愿者星级认定和嘉许制度，健全“爱心银行”时间银行等志愿服务回馈制度，推进社区志愿服务经常化和常态化	民政部、中共中央组织部、中央综治办	党内法规制度
关于印发武汉市推进“互联网+居家养老”新模式实施方案的通知（武政规〔2018〕1号）	2018年1月16日	探索建立“养老志愿服务时间储备银行”运作机制，鼓励社会人员通过“互联网+居家养老”服务平台注册成为居家养老服务志愿者，并根据老年人的服务需求开展志愿服务，实际志愿服务时间可以通过“养老志愿服务时间储备银行”进行存储	武汉市人民政府	地方规范性文件
关于印发西安市养老服务设施布局规划（2018—2030年）的通知（市政办发〔2018〕127号）	2018年12月31日	推进“嵌入式”养老模式，探索创新时间银行养老模式	西安市人民政府	地方工作文件

除了以上政策条例的颁布和实施外，各地政府也在实践中积极推进时间银行模式的探索。据统计，2008—2016年至少有31家时间银行在我国成立。伴随着数量的增加、规模的扩大，时间银行的群众基础和影响区域不再局限于东部沿海城市，进一步扩大到中西部地区。北京、上海、南京等已经成立时间银行的城市进一步发展为拥有多家时间银行。其中，南京的时间银行就是政府主导、社会力量参与的典型实践案例。从2012年开始，南京市政府持续推动时间银行在社区或街道等区域的试点，动员社区、公益组织、银行等多元主体参与其中。相比于前期以社区自发成立为主的模式，这一时期我国时间银行呈现出不同的发展模式。例如：2013年，广州市南沙区政府通过政府购买服务的方式成立南沙时间银行；2014年，上海时间银行与国内居家养老企业上海幸福九号电子商务有限公司开展合作；2014年，青岛市市南区八大关街道爱心银行建立起将个人和社会组织提供的志愿服务、企业提供的爱心和服务项目捐助统筹融合的储蓄登记—回馈激励的工作机制；2018年，青岛市成立

了全国首家以电子社保卡为载体的电子时间银行，利用电子社保卡、手机应用程序（APP）和线上服务管理系统等将“时间币”计入志愿者时间账户。

在探索时期，政府和其他社会力量在时间银行发展中发挥着越来越显著的作用。时间银行的形式与志愿服务的内容充分融合，本土化机制和发展政策得到完善，其外延得到了较大拓展。时间银行作为与志愿服务并行的一种互助服务形式，在实践中得到快速推行。值得一提的是，2017 年，国务院颁布的《志愿服务条例》明确提出了志愿服务时间的记录和存储，有力助推了时间银行志愿服务的规范化发展。时间银行发展的系统性政策随后也相继出台。

（三）快速发展期（2019 年至今）

从 2019 年开始，时间银行在我国蓬勃发展。2019 年 3 月，民政部将时间银行纳入全国居家社区养老服务改革试点范围。此后，中央开始大力支持时间银行的落地，政策内容涵盖促进时间银行落地、鼓励老年人社会参与、加快发展老龄产业与老龄事业等。表 2－2 列出了部分时间银行支持性政策文件。

表 2－2　部分时间银行支持性政策文件（二）

政策名称	发布时间	主要内容	颁布部门	效力等级
关于推进养老服务发展的意见国办发〔2019〕5 号	2019 年 4 月 16 日	大力培养养老志愿者队伍，加快建立志愿服务记录制度，积极探索“学生社区志愿服务计学分”时间银行等做法，保护志愿者合法权益	国务院办公厅	国务院规范性文件
城企联动普惠养老专项行动实施方案（试行）	2019 年 2 月 20 日	建立时间银行制度，积极做好志愿者培训工作，定期组织志愿者团队开展养老志愿服务活动。鼓励养老机构实施时间银行制度，发展志愿服务，服务内容及志愿者纳入当地民政部门考核，达到一定规模的给予适当奖励	国家发展和改革委员会、民政部、国家卫生健康委员会	部门规范性文件
国家积极应对人口老龄化中长期规划	2019 年 11 月 21 日	将时间银行承接机构到位率和储蓄率纳入 22 项“积极应对人口老龄化能力评价指标”	中国共产党中央委员会、国务院	党内法规制度
中共中央关于制定国民经济和社会发展第十四个五年规划和二〇三五年远景目标的建议	2020 年 10 月 29 日	加快发展健康、养老、托育、文化、旅游、体育、物业等服务业，加强公益性、基础性服务业供给；壮大志愿者队伍，搭建更多志愿服务平台，健全志愿服务体系	中国共产党中央委员会	党内法规制度

续 表

政策名称	发布时间	主 要 内 容	颁布部门	效力等级
中共中央 国务院关于加强新时代老龄工作的意见	2021 年11 月 18 日	鼓励老年人继续发挥作用，把老有所为同老有所养结合起来，完善就业、志愿服务、社区治理等政策措施，充分发挥低龄老年人的作用	中国共产党中央委员会、国务院	党内法规制度
国务院关于印发“十四五”国家老龄事业发展和养老服务体系规划的通知国发〔2021〕35 号	2021 年12 月 30 日	促进老年人社会参与，在全社会倡导积极老龄观，引导老年人根据自身情况积极参与家庭、社区和社会发展。积极开展“银龄行动”，支持老年人参与文明实践、公益慈善、志愿服务、科教文卫等事业	国务院	国务院规范性文件

地方各级政府积极跟进，助推有关省市养老服务时间银行的政策相继出台。这些政策内容涵盖扩大试点范围、搭建运行机制、制定服务标准体系、建立信息管理系统等。北京、上海、广州、南京、青岛等地在全市全面推开“养老服务时间银行”项目，如表 2－3 所示。

表 2－3　部分时间银行支持性政策文件（三）

政策名称	发布时间	主 要 内 容	颁布部门	效力等级
关于印发《南京市养老服务时间银行实施方案（试行）》（宁政办发〔2019〕38 号）	2019 年7 月 17 日	搭建运行机制，制定服务标准体系，建立信息管理系统	南京市人民政府	地方工作文件
青岛市养老服务时间银行实施方案（试行）	2020 年4 月 14 日	搭建运行机制，制定服务标准体系，建立信息管理系统	青岛市民政局	地方工作文件
上海市民政局关于本市推行“养老服务时间银行”项目的通知	2021 年11 月 5 日	在全市范围内全面推行“养老服务时间银行”项目，使用统一信息平台，建立四级服务网络，明确项目实施要求，争取项目资金保障，加强项目组织领导	上海市民政局	地方工作文件

续 表

政策名称	发布时间	主要内容	颁布部门	效力等级
关于印发《北京市养老服务时间银行实施方案（试行）》的通知	2021年12月16日	建立养老服务时间银行管理体系，明确服务主体与服务内容，完善养老志愿服务实施流程，规范养老服务时间记录管理，搭建养老服务时间银行信息管理系统	北京市民政局、北京市财政局、共青团北京市委	地方工作文件
关于建立广州"时间银行"养老志愿服务机制的工作方案	2022年5月16日	坚持互助性、社会性、公益性原则，以激励为导向，探索建立以志愿服务时间存取机制为基础，符合我市实际的时间银行养老志愿服务机制，推动形成"党建引领、政府主导、社会协同、公众参与、科技支撑、制度保障"的养老志愿服务发展模式	广州市民政局、中共广州市委老干部局、广州市老龄工作委员会办公室	地方工作文件

从上述有关探索和实践中我们可以看到，以互助养老为主要功能的时间银行作为积极应对人口老龄化的一条探索路径，再次受到“政、产、学、研、用”各方的广泛关注和积极实践，并且时间银行模式在全国各地广泛落地并开展服务。其中，南京、上海和北京等地政府在推动时间银行发展的过程中表现得尤为突出。2019年，南京市政府印发了《南京市养老服务时间银行实施方案（试行）》，要求对南京市发展养老服务时间银行工作进行全面推广，构建起“政府主导、通存通兑、权威统一”的全市时间银行运行机制。2019年，上海市民政局在虹口、长宁两区开展了时间银行试点工作。2020年，上海市民政局扩大了时间银行试点区域，在徐汇、长宁、普陀、虹口、杨浦五区各镇街陆续开展，并且开发了全市统一的时间银行平台——上海养老时间银行。2021年，北京市政府颁布了《北京市养老服务时间银行实施方案（试行）》，设立了全市统一的时间银行平台，推动时间银行在全市范围内的试点和推广工作。此外，部分农村地区将时间银行应用于居家养老服务，以时间存储方式鼓励农村互助养老发展取得初步成效，至此农村也成为探索时间银行互助养老模式的重要场域。国内农村问题专家贺雪峰将时间银行、志愿服务、低偿服务并列为农村互助养老的三种模式。① 2015年4月11日，河南省新乡市凤泉区潞王坟乡五陵村

① 贺雪峰. 互助养老：中国农村养老的出路［J］. 南京农业大学学报（社会科学版），2020，20（5）：1－8.

率先成立了首家农村时间银行，扎实开展志愿养老服务，有效回应了当地农村老年人的多层次养老需求。

综上所述，自 2019 年以来，时间银行在中国进入快速发展时期，在各地的城市和农村遍地开花。这一时期时间银行的发展特征主要表现为：理念认识实现从志愿话语向互助话语的转变，发展路径实现从前期探索向本土建构的转变，保障措施实现从制度规范向法律法规的转变，探索场域实现从城市为主向城乡并重的转变。作为推动社区治理的平台与工具，这一时期时间银行的发展朝本土化方面迈出了坚实的一步，成为实现“共建共治共享”的社会治理格局的可行路径。①

① 陈功，黄国桂. 时间银行的本土化发展、实践与创新：兼论积极应对中国人口老龄化之新思路［J］. 北京大学学报（哲学社会科学版），2017，54（6）：111－120.

第三章　我国推行时间银行实践的典型案例

一、典型案例的基本情况

为了深入了解当前我国时间银行的发展状况及其创新性做法与经验，北京大学人口研究所时间银行团队对全国 20 个省（自治区、直辖市）的 54 家机构开展了四轮时间银行发展状况调查。

北京大学人口研究所时间银行团队通过阅读文献和查找相关资料，四轮调研共收集了 240 家时间银行的相关信息。该研究团队通过电话联络，有 73 家机构愿意接受调研。综合考虑调查地域的广泛性和时间银行的代表性，该研究团队对上述机构进行了再次筛选，最终有 54 家机构被纳入调研对象范围。

本次调研采用访谈、实地调查等方法，主要围绕机构或社区的时间银行展开。访谈提纲参考了有关研究文献，最终确立了机构/项目基本信息、时间银行现状、时间银行运营方式与困难、时间银行记录与通兑方式、时间银行政府社会支持、时间银行稳定性与可持续发展、时间银行满意度七大模块。围绕访谈提纲，调研人员对机构/项目主要负责人、工作人员进行了访谈。所有访谈录音最终被转录为文本，该研究团队进行了后续的分析，通过代码的形式对所调研的时间银行进行了编号（如表 3-1 所示）。

表 3-1　各时间银行全称及其代码

代　码	名　　　称
BY	北京市一刻公益社区发展服务中心
BX	北京市幸福时间银行
BB	北京市帮帮银行

续　表

代　码	名　　　称
SJ1	上海市静安区共和新路街道“共和新 e 家”
SJ2	上海市嘉定区南翔镇社区卫生服务中心
SH1	上海市虹口区慈爱公益基金时间银行
SH2	上海市虹口区时间银行（试点）
SM	上海市闵行区康城社区时间银行
SY	上海市杨浦区养老服务时间银行
GN	广东省广州市南沙时间银行运营中心
SL	广东省深圳市龙岗区南湾街道爱心银行志愿联合会
SY2	广东省深圳市盐田区爱邻为老服务中心
HZ1	广东省惠州市仲恺高新区陈江街道甲子社区时间银行
HZ2	广东省惠州市仲恺高新区陈江街道曙光社区时间银行
HB1	浙江省杭州市绿康时间银行
HB2	浙江省杭州市滨滨有你时间银行晶都社区试点基地
HG	浙江省杭州市小河街道“阳光老人家”
JW	浙江省金华市婺城区彩虹公益服务中心社工时间银行
LX	浙江省临海市夕阳红居家养老服务中心志愿时间银行
SD	浙江省绍兴市迪荡街道居家养老服务中心时间银行
NX	江苏省南京市养老服务时间银行
NQ1	江苏省南京市秦淮区大光路街道大阳沟社区志愿时间银行
NQ2	江苏省南京市姚坊门居家养老服务中心（王子楼站）
NJ	江苏省南京市建邺区福惠时间银行
SF	江苏省苏州市葑门片区双塔街道杨枝社区“时间超市”平台
ZX	江苏省张家港市养老服务时间银行
XT	福建省厦门市迦南地安养中心时间银行
FJ	福建省福州市晋安区茶园街道爱心志愿者扶老时间储蓄中心
WW1	湖北省武汉市武昌区首义路街道江零社区首义美好时间银行

续　表

代　码	名　　　称
WW2	湖北省武汉市武昌区首义路街道长湖社区时间银行
WJ	湖北省武汉市江岸区百步亭社区志愿者服务中心时间银行
WD	湖北省武汉市芳邻时间银行
CC	湖南省长沙市长沙县星沙街道望仙桥社区时间银行项目
QF	山东省青岛市电子时间银行
JL	山东省济南市历下公益银行
ZT	山东省枣庄市台儿庄区时间银行
NQ3	广西壮族自治区南宁市青秀区新竹街道新竹社区时间银行互助养老志愿服务点
YX	宁夏回族自治区银川市兴庆区文化街街道丰收社区时间银行
XF	河南省新乡市凤泉区五陵村五陵时间银行
KG	河南省开封市油坊社区时间银行
AH	河南省安阳市惠民时间银行
NY	河南省南阳市益博社会工作服务中心时间银行
HJ	安徽省合肥市经开区锦绣社区“爱心银行”方兴居委会
HB	安徽省合肥市包河区望湖街道沁心湖社区爱心银行
HS	安徽省合肥市蜀山区荷叶地街道浅水湾社区爱心银行
XZ	天津市西青区张家窝镇家兴里社区时间银行志愿服务项目
SP	河北省石家庄市普爱长者照护中心普爱时间银行
YW	辽宁省营口市望儿山时间银行
CL	四川省成都市朗力养老服务中心
KG	云南省昆明市官渡区善润养老服务发展中心
ND	江西省南昌市东湖区居家养老志愿服务时间银行
NL	江西省南昌市绿康时间银行
LD	江西省南昌市东湖区百花洲街道小金台社区时间银行
YF	陕西省榆林市府谷县富昌路便民服务中心爱心银行

（一）地域

从地域上看，在54家被调研的时间银行中，上海市、浙江省和江苏省的时间银行占比最高，均为11.11%；广东省的时间银行占比次之，为9.26%；研究团队针对中西部地区时间银行的调研较少。此外，本次调研地也主要集中在城市中，除3家为农村时间银行外，其余全部为城市时间银行（如表3－2所示）。

表3－2　所调研时间银行的地域分布

变量（省份）	频数/家	有效百分比/%
上海市	6	11.11
浙江省	6	11.11
江苏省	6	11.11
广东省	5	9.26
湖北省	4	7.41
河南省	4	7.41
北京市	3	5.56
山东省	3	5.56
安徽省	3	5.56
江西省	3	5.56
福建省	2	3.70
天津市	1	1.85
河北省	1	1.85
辽宁省	1	1.85
四川省	1	1.85
云南省	1	1.85
陕西省	1	1.85
湖南省	1	1.85
广西壮族自治区	1	1.85
宁夏回族自治区	1	1.85
合　计	54	100.00

（二）管理归属

根据提供资金和管理运营的主体的不同，研究团队将时间银行主要分为政府主导型、社会组织主导型、企业主导型三类。有 27 家时间银行由政府管理，占比为 50%，数量最多；有 12 家时间银行由社会组织（社区组织）管理，占比为 22.22%；有 8 家时间银行由其他组织管理（或为混合模式），占比为 14.81%；有 7 家时间银行由企业管理，占比为 12.96%。调研的基本情况如表 3－3 所示。

表 3－3　所调研时间银行的管理归属

变量（管理归属）	频数/家	有效百分比/%
政　　府	27	50.00
社会组织	12	22.22
其他组织	8	14.82
企　　业	7	12.96
合　　计	54	100.00

（三）运营时间

就运营时间而言，本案例涉及的时间银行基本上处于较稳定的运营状态，平均运营时间为 3 年，运营时间最短的只有 0.5 年，运营时间最长的为 9 年，如表 3－4 所示。

表 3－4　所调研时间银行的运营时间

变　　量	平均数/年	最短时长/年	最长时长/年
运营时间	3.14	0.5	9

（四）运营成效

研究团队所调研的时间银行平均注册志愿者数为 5 921 人、平均服务对象数为 40 715 人、平均服务时长为 153 469 小时，如表 3－5 所示。

表 3－5　所调研时间银行的机构运营成效

变　　量	平均数	最大值	最小值
注册志愿者数/人	5 921	40 000	20
服务对象数/人	40 715	300 000	80
服务时长/小时	153 469	1 323 800	215

二、政府主导型案例

（一）江苏省南京市时间银行

1. 时间银行现状

南京市时间银行管理中心由南京市民政局牵头组建，设在南京市养老服务质量指导中心，其主要职能是管理全市时间银行运行系统，负责全市时间银行的制度设计和养老服务时间的发放管理，指导全市时间银行按照“三个统一”（统一管理、统一标准、统一平台）的要求，不断加强全市时间银行的规范化、标准化建设，实现全市养老服务时间的通存通兑。南京市时间银行的主要特点包括公益性（本质是志愿服务，弘扬志愿精神）、互助性（服务他人，也可以接受他人服务）、激励性（低龄存时间，高龄取服务）、持续性（政府主导，有必要的政府投入和社会捐赠基金保障）。

2012 年，南京市时间银行开展社区级试点，与社区紧密结合，与社会资源联动。2014 年，南京市时间银行开展街道级试点，由公益组织运作，与银行合作。2018 年，南京市时间银行进行区级试点，主要做法如下：一是政府主导、统一管理，由区民政局购买服务，委托社会公益组织负责运营、管理；二是建立信息化平台，记录、监督时间银行运作，实现志愿者统一管理；三是实行区内通存通兑，联合各养老服务组织，制定志愿服务标准，以时间兑换时间，以服务换取服务。

2019 年 7 月，南京市政府印发的《南京市养老服务时间银行实施方案（试行）》明确提出，养老服务时间银行是指政府通过政策设计，鼓励志愿者为老年人提供养老服务，按一定的规则记录储存服务时间，当年老需要时可提取时间兑换服务，同时明确在全市范围内构建起“政府主导、通存通兑、权威统一”的时间银行运营机制。

自 2019 年 12 月起，南京市 12 个区 24 个街道 247 个社区试点运行南京市时间银行。2020 年 10 月，南京市政府召开了全市范围内全面开展养老服务时间银行工作部署会，明确在全市全面开展养老服务时间银行工作。

南京市时间银行要求个人志愿者年满 18 周岁、有公益服务精神、有从事养老服务的时间、身体健康、无个人信用不良记录和严重违法记录；提供专业服务的志愿者需持有国家有关部门颁发的执业证书；团体志愿者符合有独立法人资格、信用等级在 A 级以上的要求，须是未涉嫌诈骗或未开展非法集资活动的团体或其内设部门。

志愿者通过“我的南京”应用程序（APP）中的时间银行板块，经过注册审核与线上考核后，按照“就近就便”的服务导向对服务需求的类型、时间段、区域信息进行选择与接取。志愿者在服务结束后，双方会有双向评价，评价结果在系统中进行长期公示，其结果会影响所属区域志愿者与服务对象评价总分。

截至 2022 年 7 月，南京市时间银行已在全市 12 个区全面开展养老服务时间银行建设及运营工作，已搭建起“市、区、街、社”四级时间银行管理体系，已建设时间银行服务点 1 327 个，招募 5. 7 万名时间银行志愿者，直接服务 6. 7 万名老年人，储存服务总时长 124 416 小时，兑换服务时长达 121 623 小时。其重点帮扶对象是南京市 60 周岁及以上的老人、80 周岁及以上的空巢独居老人、60~79 周岁低保家庭中失能或半失能的空巢独居老人以及农村留守老人。

目前，南京市时间银行办公场地点设在南京市养老服务质量指导中心，有 10 名管理人员，主要负责运营管理、标准建设、业务指导、绩效监督等工作；管理人员的工资和南京市平均工资基本持平；建有配套的网站平台和应用程序（有关平台的建设通过技术外包，由政府出资）。

2. 运营方式

南京市时间银行的主要支出包括日常运营管理费用、开展不定期志愿者活动、邀请专家讲座以及对优秀的志愿团体、社会组织、个人等进行奖励。在日常活动中，为老年人提供的服务主要分为非专业服务项目与专业服务项目。其中，非专业服务项目有助餐（上门送餐、帮助买菜）、助医（陪同就医、代买药品）、助浴（洗澡看护、接老年人到养老服务站点洗澡）、助洁（理发、家务料理、帮助清洗衣服以及帮助清洗床单、被罩等大件衣物）、助急（精神慰藉、陪住、日常生活应急协助）、免费学用智能手机（基础手机应用、健康生活、社交应用、便捷出行、文娱生活、线上支付、养老服务时间银行应用）六大服务类别，含 20 个服务项目。专业服务项目共有生命体征监测、安全护理、协助更衣、协助床上移动、温水擦浴、压疮预防及护理、面部清洁和梳头、床上洗头、协助进食/水、口腔护理、协助翻身及有效咳痰、留置尿管的护理、会阴处理、失禁护理、床上使用便器、指/趾甲护理、足部清洁等 17 个服务项目。

南京市时间银行具有独特的激励机制：一是常规激励，每年或每季度会对时间银行服务点、社会组织、团体志愿者、个人志愿者进行评奖评优，给予精神和物质双重奖励，通过颁发证书、奖状以及加大媒体宣传力度等展示获奖团队和个人的形象与魅力；二是打造老年人生活的生态系统闭环，将爱心组织团队做大，尽可能涵盖老年人生活经常去的地点，如老年大学、公园、医院、图书馆、旅游地等；三是重点扶持高知老人、党员，让这些老年人去带动和影响其他老年人；四是通过组织踏青、聚餐等活动，以动态视频的形式向老年人宣传时间银行助老服务，以达到吸引他们加入的目的；五是积极探索志愿者“身份福利体系”与“社会信用体系”的有机结合，打造公益志愿服务生态圈。

3. 记录与通兑方式

南京市时间银行以南京市市民卡为载体，时间存取规则是以小时为单位进行储存，每次服务结束后由时间银行信息平台比对确认后计入系统。志愿者在年满 60 周岁以后，均可用个人账户内的时间兑换等时的为老服务。时间银行个人志愿者所获得的时间可以转移至亲属（指 60 周岁及以上的配偶、父母、祖父母、外祖父母、子女）账户上或自愿捐赠给公共时间池。

由于南京市时间银行的兑换规则是服务换服务，因而通兑时效性需要根据志愿者本身的年龄和健康状况来决定。

4. 政府与社会支持

南京市时间银行是由政府主导，通过必要的政府投入和社会捐赠形成基金保障的。南京市时间银行设立了时间银行专项基金，基金由福彩公益金作保障，鼓励社会捐赠。时间银行专项基金委托市慈善总会管理，主要用于化解时间银行运行风险；为重点空巢独居老者兑换服务时间。志愿者因户籍迁离本市等需注销账户时，按照最新公布的非全日制小时工工资标准的 10% 给予一次性补助。南京市政府在政策上对南京市时间银行提供了较大的支持，如 2019 年 8 月《南京市养老服务时间银行实施方案（试行）》的正式出台，主要针对养老时间银行的管理和支持政策。

5. 稳定性和可持续发展

南京市时间银行的功能在于，为国家减轻负担，缓解社会养老力量不足与养老需求较大之间的矛盾，扩大社会参与面，为养老服务领域培养大批的服务人才，为老年人打造属于他们自己的生态圈。这一做法类似于日本蒲公英机构的运营模式。总体来看，当前南京市时间银行发展相对稳定和具有可持续。

6. 满意度及其他

从业者对时间银行整体上很满意，致力于积极探索打造“南京样板”时间银行模式。目前，南京市时间银行团队已在江苏、山东、湖南等多个城市开展时间银行试点工作，他们对实现全国范围的通存通兑目标非常有信心。

（二）上海市虹口区时间银行（试点）

1. 时间银行现状

目前，上海市虹口区民政局在四川北路街道、凉城新村街道和彩虹湾老年福利院开展时间银行试点工作，并推广时间银行项目。为做好这一试点工作，虹口区民政局专门开发了“虹口区养老服务时间银行”微信小程序，于2019年6月12日正式上线。试点期间，时间银行共设两级平台，分别为区级层面的“总行”和街道层面的“分行”。其中，“总行”负责制定服务项目、时长记录的规则及积分兑换标准等，“分行”负责发动低龄老年人注册成为时间银行的会员，帮助他们完成申请审批、信息录入、签订服务协议、服务质量评估及服务投诉处理等，以确保为高龄老年人开展机构、居家、社区养老服务。此外，“分行”还需对享受服务的高龄老年人进行资格审查、信息录入，以及对服务内容进行确认等，在此基础上做好积分记录。

目前，虹口时间银行注册会员有730名，累计发放843个时间币。虹口区要求会员的年龄为60岁（女性可以放宽到50岁）到70岁，身体健康，能自理，有服务意愿，这样的人员都可通过微信小程序进行申请，申请通过后即成为会员。成为会员的低龄老年人根据微信小程序上发布的需求进行“接单”，为高龄老年人提供相应服务。

2019年年初，虹口区颁布了发展时间银行的有关政策文件，提倡开展以政府为主导、以低龄老年人为服务对象的非专业养老服务。一方面，通过社会组织整合现有社会资源，将周边商家集聚起来；另一方面，以精神奖励作为主要激励方式和兑换形式，在社区提供特定的活动室开展互助服务，如给孤寡老人过生日、鼓励老年人参与集体活动等，突出时间银行的公益性。

2. 运营方式

在时间银行试点阶段，政府是运营支出的主要承担者。此外，政府会利用长期积累下来的老年人需求数据，梳理出供给侧服务内容的重点，以节约财政在此项目上的开支。

为保障时间银行试点工作的顺利开展，时间银行为服务提供者（低龄老年人）和服务对象（高龄老年人）购买了人身意外保险。整体而言，时间银行项目由政府监管，负责接受投诉、进行满意度调查；其他项目交由第三方，如可以与日托机构、养老院等对接，开展养老服务。每个社区都有提供服务的志愿者，由政府对其进行培训，通过考核后志愿者方可持证上岗。

3. 记录与通兑方式

时间银行积分主要为个人积分，积分通兑方式是按照服务时长兑换，1小时兑换

1 个积分，试点期间暂时不将服务内容的难度系数加入通兑规则里。个人志愿者可以根据自身需要随时将积分兑换成社区可以提供的服务，包括公益资源或未来的服务资源。虹口时间银行项目在试点阶段取得了一定的服务成效，但同时存在可对接资源相对较少、缺乏物质奖励等问题。

总的来说，志愿者通过时间银行累计积分进行兑换的方式存在一定的滞后性，这是因为大多数志愿者平时不需要兑换服务。虹口时间银行项目负责人认为，通存通兑是时间银行未来的发展趋势，但时间必须有政府的扶持并在政府的主导下进一步完善。

4. 政府主导、社会支持

在虹口试点区，政府是推动时间银行实践的主力军。虹口时间银行在筹备和创立的过程中得到了川北街道、凉城街道和彩虹湾养老院的共同支持。当前，政府主要通过拨款的方式为其提供支持，同时社区负责人也会定期前往时间银行实践点协助工作。一段时间里，虹口时间银行仍处于摸索阶段，并未出台专门的制度文件加以规范化运作。

在社会支持方面，彩虹湾养老院的志愿者主要来自老年人的家属及其周围的居民，为时间银行的活动开展提供了人力支持。

5. 稳定性及可持续发展

运行了一段时间之后，虹口时间银行项目逐步迈向成熟。在试点阶段，虹口时间银行应保持大方向不变，逐步扩充内容，进一步增加街道时间银行的数量，尝试加强机构和社区之间的沟通，以保障项目的有序推进。虹口时间银行项目面临的问题主要是如何从政府主导转型为社会各方力量共治共享。研究团队认为，在试点阶段，应慢慢地“放”；等试点成熟以后，为时间银行提供服务的志愿者队伍也成熟了，有关工作可以有序开展；通过 2~3 年的时间来观察数据结果，服务体系日趋成熟，服务人员队伍日渐稳固，向社会各方力量逐步放开便是题中应有之义。在具体运营实践中比较棘手的问题是，人员岗位的调动会引起执行者服务内容的变化，一旦出现大规模的人员调整，项目整体的运营模式和时间也会发生相应的变动。因此，在时间银行项目运行过程中形成稳定且专业的从业人员队伍体系是项目良好运转的关键之一。

为了实现虹口时间银行的可持续发展，该项目的负责人提出：第一，政府应提供更多的资金支持，有关规范性政策文件也应尽快出台，使时间银行的发展有章可循；第二，将社会资源进行有效整合，让周边社会资源融入时间银行项目，使奖励形式更加多样、兑换资源更加丰富，从而实现时间银行的自我造血能力，形成一个良好的志愿服务生态圈；第三，鉴于此项目仍局限在街道和养老院进行试点，其社会影响力有限，我们必须进一步加大力度宣传时间银行。

6. 满意度及其他

虹口时间银行项目的有关负责人对该项目的整体运作认可度较高。尽管初期制度的不完善和人员配备的不齐整等问题给时间银行服务工作带来了一定的困难，但通过时间银行提供养老服务和重建现代社会信用体系的过程，工作人员的工作和生活变得十分充实，他们认为这项工作对于应对人口老龄化具有重大的战略和现实意义。

在部分有志于从事养老志愿服务的低龄老年人看来，通过时间银行微信小程序承接服务是一份荣誉，也是一种新的动力。时间银行是对他们付出的一种肯定，有了时间银行服务积分兑换这一激励措施，相信以后会有越来越多的人加入养老服务的行列，从而打造一条养老服务可持续生态链，提升社会成员对养老服务的参与度，在全社会形成一种互助养老的新模式。

三、社会组织主导型案例

（一）广东省广州市南沙时间银行运营中心

1. 时间银行现状

南沙时间银行是由广州市南沙区社区服务宝运营中心负责维护和运营的公共服务支撑平台。南沙时间银行项目由广州市南沙区政府出资、管理、监督，是由政府支持、社会组织主导运营的典型案例。

南沙区社区服务宝运营中心是面向会员提供时间存储、支取、交换等相应服务的公共服务支撑平台，是以时间存储、交换为核心，以时间货币化为媒介的第三方时间存管平台，是公益类银行账户体系。

秉承“多方共举、服务共通、利益共享、社群共荣”的服务理念，南沙时间银行立足于镇街居民分布、需求情况、服务现状等，结合“互联网+社区服务”的理念，创新社区服务模式，规划五大社区综合服务种类，形成了具有特色的社区综合服务体系，力求打造“社区服务综合体”新服务业态。在南沙区委和南沙区民政局的支持下，南沙时间银行运行多年，项目覆盖了南沙区的各个镇街，在每个镇街都设有一个服务站点，形成了“1+10”的社区服务设施体系，即 1 个管理中心+10 个社区服务站。南沙时间银行有 21 名工作人员，每个社区服务站点配备 1 名工作人员，负责线下的运营与推广、统筹与创新工作。

南沙时间银行实行会员制。只有以真实资料、按规定程序注册成为南沙时间银行的会员，才能通过南沙时间银行平台获取参与服务交换、时间币存取等服务。南沙时间银行的会员分为个人会员和团体会员。个人会员是指所有具备行为能力的自然人；团体会员是指所有法人单位，包括企业法人、机关法人、事业单位法人、社会团体法人等。团体会员可以以单位的名义发布或承接服务需求，还可以通过平台发布带有公益性质的社会服务活动。个人会员可以加入团体会员，这样不但可以提升自己的安全等级，还能参加更多的公益活动。

南沙时间银行现有会员 119 695 人，其中，团体会员数为 3 780 人。会员已在线上发布需求 176 259 次，对接完成服务 107 801 次。所有注册会员可以作为需求方（服务对象）在平台上发布需求，也可以作为志愿者对接服务方。

南沙时间银行运营中心现有管理人员 8 人，管理人员均为专职，年龄为 22～32 岁，受教育程度大多为大专，专业背景多元，有社会工作、信息管理和市场营销等，但有社会工作专业背景的人员占少数，持有社会工作专业证书的人员也相对较少。此 8 名管理人员收入水平为每月 5 000 元左右，符合政府购买服务的标准。相对于时间银行运营中心管理人员相对稳定的状态而言，时间银行社区服务站点的人员流动性则较强。南沙时间银行运营中心场地由南沙区民政局提供，办公场所稳定，随着项目的推进，新的办公场地也在积极开拓中。

2. 运营方式

南沙时间银行运营中心的运营资金全部来自政府购买服务。南沙时间银行以会员需求为导向，创建了与银行类似的账户系统和与支付宝相似的保证金系统。区民政局可随时查看、监督时间银行的运行状态。为了保证时间银行服务的高质量和安全性，平台建立了多维度的安全等级制度，该制度包括会员等级制度、服务类型等级限制、双方满意度评价、信誉追溯和仲裁。南沙时间银行对会员实行分级，每个会员均有四个等级：安全等级（真实、长期的资料，政治身份背景，长期的公益服务经历）、专业等级（会员在某些领域内取得的专业资格）、服务等级（在南沙时间银行平台承接服务的数目和质量）和数据等级（由发布需求、接受他人服务时的态度所决定）。如果会员等级无法达到某一类型服务的要求，就无法承接该类型的服务。

南沙时间银行运营中心采用与淘宝电商相似的运营模式，需求方与承接方都可看到对方的信息。服务结束后，双方进行双向评估（评价永久保存于会员的个人记录中，并为其他会员的服务提供参考）。双方对服务满意后，时间币才从服务需求方的账户转向服务承接方的账户中，至此完成一次服务交易。当服务双方出现纠纷，平台会根据服务记录进行介入，扮演类似于“淘宝客服”的角色，对矛盾双方进行调解，促使交易顺利进行。

3. 记录与通兑方式

时间币是南沙时间银行的计量单位，由政府资金转化而来，每一枚时间币背后都有现金的支撑（一枚时间币等于人民币 1.9 元）。时间币以时间为计量单位，服务 1 小时可兑换 12 枚时间币。南沙时间银行平台全程记录服务时间，会员服务所得的时间币永久保留在账户系统中，可以自愿转赠给他人。为确保时间银行价值的稳定性，在时间银行系统内，时间币的总量等同于银行专用账户存款，服务交换时所涉及的时间币从一个账户转移到另一个账户，时间币的总量不发生变化。需求方发布服务时为服务定价，承接方与需求方在服务对接前协商服务实际价值，双方交易属于市场行为，但具有公益性质。

此外，会员账户里的时间币可在平台兑换所需服务，也可以在南沙时间银行商城兑换所需实用物品或在淘宝购物时获得价格优惠。

4. 政府、社会支持

政府购买服务的资金转化为时间币，时间币只能用来换取相应的服务，这样政府资金就得到了充分利用。有关政府部门可随时查看资金去向、时间币存储情况，做到信息的透明和公开。

南沙时间银行得到了社会各界的支持。除了周边商铺企业、社区居民的参与外，南沙区各镇街和各单位的党支部、党员都注册成为时间银行会员，以服务时长作为考核党支部、党员的重要指标（党支部每个季度必须组织 1 次社区公益服务活动，党员每年必须参与 2 次社区服务活动等），将服务所赚取的时间币返还给时间银行平台用于日常运营或将所赚取的时间币转赠给有服务需求的人和群体。

5. 稳定性和可持续发展

南沙时间银行运营了多年，覆盖南沙区 9 个镇街 71 个社区，成立了 10 个服务站点，形成了“1+10+71”的稳定工作模式，在整个南沙区社会影响力较大、接受度较高。

南沙时间银行已形成固定的工作模式与案例经验，希望在全国范围内推广，已积极筹备在天津和东莞两地开展试点工作（东莞时间银行的实践得到了当地政府和国企的支持，天津的时间银行线上平台系统正在完善中）。

6. 满意度及其他

南沙时间银行从业者对有关工作持满意的态度。南沙时间银行发展之路并不是一帆风顺的，工作团队为之付出了大量的心血。整个工作团队凝聚力强，有共同的理想与目标，为了时间银行的发展壮大而奋斗。该项目的从业者认为，这是一份很有意义的工作，鼓励自己的子女与亲朋好友加入时间银行的服务中。

（二）北京市一刻公益社区发展服务中心时间银行项目

1. 时间银行现状

北京市一刻公益社区发展服务中心（以下简称“一刻公益”）是在北京市民政局注册的社会组织，其使命是探索建立社区服务公益活动常态化机制与志愿者反哺机制，吸引、激励社会服务类企业与社区居民公益服务持续对接，促进社会治理模式的创新与社会治理方式的改进。一刻公益社区时间银行的运行模式（如图 3－1 所示）是：平台发布任务→志愿者参与活动→平台核算服务时长→通过加盟商换取服务与实物。

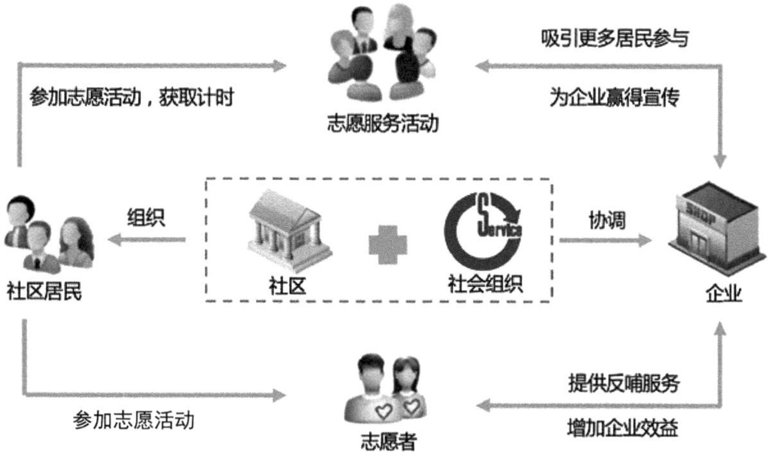

图 3－1　一刻公益运行逻辑示意图

一刻公益平台对社区活动进行设计策划与宣传公示，在活动中邀请周边商户参与，协助商户在社区树立形象品牌。居民参加活动成为志愿者，进行计时、积分、升级。基于系统统计的志愿服务积分，可从签约的商户处获得优惠的服务和商品。参与的商户越多，一刻公益对居民的吸引力也就越大。同时，志愿者队伍越来越大，也能给签约商户带来更多的客源，提升商户的收益，促进商业服务的完善与发展。机构的运行模式类似于“志愿北京”服务平台，并且在此基础上有所创新，增添了反哺志愿者的环节。

该平台的志愿者队伍庞大，参与活动的志愿者主要为50岁及以上的中老年人，主要来自上文提及的街道及其下属社区。截至2019年2月27日，注册志愿者共有19 742人，志愿者储蓄的服务总时长为132.38万小时，其中单人累计的服务时长最长为2 500小时。由于该平台不局限于为社区老年人提供服务，大多是集体志愿活动，因此未专门统计被服务方的基本状况。

目前，该平台的工作人员共有10人，均为专职人员，从事运营和管理等日常工作。工作人员的年龄集中在30岁至40岁之间，受教育程度普遍为大专学历，月薪在5 000元至10 000元之间。其中，工作人员的最长工作年限为9年，该工作人员自一刻公益成立至今一直在该平台工作。

该平台运营的经费主要来自个人和社会捐赠。2014年12月，北京一刻公益基金会正式成立，由该基金会出资成立北京市一刻公益社区发展服务中心。在它成立初期，北京一刻公益基金会为一刻公益提供经费300万元，占其运营经费的100%。后期随着该中心日常运营收入的增加，北京一刻公益基金会出资的占比逐渐降低。

一刻公益有专门的办公场所和活动场地，面积约为100平方米。

2. 运营方式

一刻公益的日常收入以政府购买服务为主，以社会单位支持为辅，两者分别占总收入的80%和20%；其运营经费主要用于支付员工的工资和购买活动所需的物资等。一刻公益开展的活动主要分为八大类，分别为社区服务、爱心服务、绿色环保、文化教育、医疗卫生、赛会服务、应急救援和城市运行。一刻公益活动的开展方式为线上线下相结合：线上发布活动，累积公益时长；线下开展活动，享受反哺服务。一刻公益主要以微信公众号、志愿者服务卡、专用结算系统、商户联盟、社区公益活动等五种形式推送活动信息。

一刻公益建立了监督机制。志愿者在参加志愿活动后，志愿服务时长将公示2周，在2周内接受公众的监督。同时，一刻公益还对志愿者进行精神上的奖励。注册志愿者积累的时长达到一定值后，就可以依次申请不同星级的优秀志愿者荣誉。服务时间累计达100小时、300小时、600小时、1 000小时和1 500小时的志愿者，可以分别被评定为一星、二星、三星、四星和五星志愿者。志愿者的星级越高，在社区的加盟商消费时享受的折扣和优惠就越多，在社会服务等方面享受的关爱与帮助也就越多。

3. 记录与通兑方式

在记录服务时长方面，每次活动由社区组织者统计时长，最终由网站记录，类似于“志愿北京”记录志愿时长的形式。一刻公益也有专门的支持协助人员负责日常的运营和维护。

一刻公益倡导通存通兑的模式。在兑换服务方面，主要是以服务换服务或商品，不能直接换金钱。一刻公益与中信银行合作发行了联名银行卡（见图3－2），可像普通的储蓄卡一样存钱、在商家消费刷卡。同时，银行卡与一刻公益志愿时长联网，每1小时的志愿时长相当于1元钱，不能直接取现金，但是可以在合作商家消费，购买服务或购买商品。

图3－2　中国银行——一刻公益联名银行卡示意图

4. 政府与社会支持

一刻公益目前与社区居委会联署办公。每与一个基层街道政府合作，一刻公益都会在该街道设点。同时，一刻公益是全国第一个公益与商业相结合、同基层政府合作，且线上线下相结合的虚拟社区平台。政府对一刻公益高度重视和关心。例如：朝阳区政府曾举办过公益社区的经验交流会；也有其他个人和社会组织对一刻公益提供过管理和技术方面的支持，并且产出研究论文。

目前，一刻公益的商户联盟规模不断扩大。此前一刻公益多次举办过针对商户的活动，如联合摩拜、滴滴等平台一起开展过志愿服务活动。一刻公益已经从初期的吸引志愿者注册，过渡至用注册志愿者人数去吸引商户参与的阶段，从而实现“吸引居民→吸引商户（收取一定的管理服务费）→反哺志愿者→吸引更多居民加入”的良性循环。

5. 稳定性和可持续发展

自2014年12月成立以来，一刻公益无名称和地点上的变更，办公场所位于北京市朝阳区十里堡甲3号院2号楼1层。

一刻公益负责人认为，未来的一两年属于一刻公益发展的关键时期。目前，一刻公益对政府购买服务的依赖性还比较大，对国家政策的依赖性很强。他希望一刻公益未来能够从政府购买服务占 80%、社会单位支持占 20%的收入状况逐渐转变为政府购买服务占 50%和社会单位支持占 50%，实现可持续发展。

一刻公益负责人认为，由于在现阶段时间银行运行模式难以达到较为理想的状态，因而他们采用了与中国目前现实社会相适应的妥协方案——“志愿北京”模式。这样做有以下几点优势：一是扩大了志愿活动的范围，更广泛地满足了社会需求，志愿活动的范围不再局限于对社区高龄老年人的照料；二是扩大了志愿者群体的范围，扩大了社会的参与度；三是巧妙地与商户联盟合作，探索一条自给自足的可持续发展模式，有可能在未来降低对政府资金投入的依赖程度，进而实现公益活动组织、公共服务输出、商业服务提供（贴近民生打造多频消费环境）三者有机结合的良性生态模式。

四、企业主导型案例

（一）浙江省杭州市绿康时间银行

1. 时间银行现状

2017 年 6 月，杭州市绿康时间银行助老公益服务中心（以下简称“绿康时间银行”）在浙江省杭州市民政局申请注册。绿康时间银行是由绿康医养集团董事长卓永岳先生发起创建的公益服务平台，该平台在 2018 年 5 月获得绿康医养集团的慈善投资，开始自主研发绿康时间银行移动用户端 APP 1.0 版本，获得国家版权局颁发的计算机软件著作权登记证书。

绿康时间银行确立了“三步走”发展战略：第一步，以绿康时间银行 APP 的开发为核心，公众号的建设紧随其后，之后考虑推广到服务号、小程序；第二步，在平台搭建基本完毕后，进行后台管理的升级；第三步，考虑多流量的引用，把平台逐步推广至全国。

绿康时间银行合作的 76 家机构的管理人员有 80~90 人，机构、基地的工作人员通常为兼职，由平台与机构签署入驻合同后安排专属人员。绿康时间银行本身也有专职的管理团队及相应的工作人员。因涉及 APP 的使用及对年龄较大志愿者的 APP 使用进行指导，绿康时间银行的管理人员以 25~30 岁的年轻人为主，受教育程度均在大专以上，有较为丰富的养老服务经验。

目前，绿康时间银行 APP 的使用范围主要包括浙江、江西、安徽、山西、新疆、北京等地。该平台现有注册志愿者 48 345 人，主要为当地高校的学生和社区居民。管理人员指出，提供过志愿服务的注册志愿者占注册志愿者总数的比例达90%以上，机构参与服务时长最高达4.6万小时。志愿者的具体信息统计仍在开发中，尚未对外公布。

被服务方目前不需要在平台进行注册，主要采用机构发现老年人需求或老年人主动向机构提出申请，机构再在平台发布的方式运行。在保险机制落地后，绿康时间银行计划打造居家养老的“滴滴”服务模式，即老年人随时随地发布需求，志愿者主动接单上门服务。

2. 运营方式

绿康时间银行与中国社会福利基金会建立了良好的合作关系，拥有基金会的公募资格，并在其指导下开展活动。两者主要合作的试点项目之一是杭州市滨江区的“滨有你时间银行”平台，目前平台运营情况良好。

绿康时间银行的运营资金主要源于社会公益机构的加盟费，以及与其合作的慈善机构的筹备的部分善款（占比为5%~10%）；支出项目主要为运营运维人员的费用、软件开发费用和日常宣传费用。

绿康时间银行活动的开展方式为“线上发布、线下开展”，所提供的服务类型主要分为以下三大类：

（1）专业类：医养康复、健康管理等；

（2）非专业类：清洁整理、购物陪同、问诊陪护、欢庆联欢、文书写读、物品代购、衣服缝补等；

（3）特色类：美容美发、乐器、书法、智能化指导、运动指导、花艺茶艺、手工、棋牌、兴趣小组等。

当前，平台的主要激励措施聚焦通存通兑，通过提供多样化的爱心服务来吸引志愿者加入；试点成功后，逐步向全国推广。

成立至今，绿康时间银行配有专业的法务团队，未发生较大的服务纠纷与风险性问题。管理人员从平台开发和服务开展两个方面分别介绍了该时间银行的风险防范措施。

一是针对绿康时间银行平台。公司开发时从用户数据安全、人员信息的统一管控、管理人员的认证和授权三个维度分别进行风险防范。

二是针对志愿服务项目。当前，中国仍缺乏保障志愿者和被服务方权益的相关法律。

基于现状，绿康时间银行从以下三个方面进行了风险规避：

（1）在阳光家园养老院内设有专门的风险控制系统，制定了服务规范条例；

（2）对于给老年人喂饭、搓澡等专业化程度较高的服务，绿康时间银行提前邀请专业人士对志愿者进行培训，该专业人士在其他志愿者进行志愿服务时也会到场监管，实现“多方服务多方”的目的；

（3）绿康时间银行计划通过与有关保险公司接洽，为志愿者和被服务方购买保险，主要是意外伤害险、人身保险等。所购保险在志愿服务前的1~2小时生效，在服务结束后1~2小时截止。

绿康时间银行建立了志愿者监管机制。志愿者在平台上注册时会确认志愿者条款，通过人脸识别，该志愿者的身份信息也会与公安系统相匹配，确保其无犯罪前科、重大传染病等。

平台尚未上线家庭式的服务供兑换，志愿者在兑换爱心企业提供的线下服务时，平台会派遣专人进行监管。

3. 记录与通兑方式

绿康时间银行的志愿者需在平台上实名注册，在线提供相应的身份信息和技能资格证书用以验证，随后可选择参与各类机构发布的志愿活动。志愿者的签到、签退时间在满足距离范围的条件下，即可实现智能打卡。同时，平台采用人脸识别技术，与芝麻信用合力打造实名认证闭环。

当前，该平台围绕试点区域（非全国）的兑换基于“用户—平台—爱心服务商”三点式的标准：志愿者利用平台为老年人提供爱心服务换取“公益时长”，爱心服务商入驻平台，以虚拟券的形式为平台提供可兑换服务，具体服务如采耳、足浴等可在线下兑现。需要说明的是，爱心服务商与平台无经济来往。

具体兑换标准为：以打包任务的形式发放时间币。

平台对特殊的存兑做出了以下规定：

（1）绿康时间银行并不能购买时间储蓄。若老年人无法提供服务时，其居家养老服务将由组织或机构发现其需求后代发。若老年人居住在绿康阳光家园养老院，其公益时长支出暂时由绿康时间银行代为支付。目前，有时间储蓄的老年人可以选择在未来或当下换取服务。

（2）绿康时间银行可以通过输入手机账号的方式进行时间储蓄的赠送。

（3）在多人参与服务的情况下，每个账号将单独计算服务市场，由机构根据每个人的实际服务时长进行分配。由于分配模式与蚂蚁信用体系结合，因而绿康时间银行基本上可以实现公平分配。

总的来说，绿康时间银行在投入使用前对通存通兑流程与体系的构建较为完善，并且目前平台主要运行的是以服务换服务的项目体系，以服务换物品的方式暂未上线使用，基本上保证了兑换的时效性。

4. 政府与社会支持

除政府支持外，绿康时间银行也得到了大量的社会支持。有很多爱心企业参与捐赠，其捐赠对象并非机构本身，而是依托慈善组织实施的专项计划，确保爱心能够捐赠给有需要的人。如正大青春宝药业有限公司捐赠资金、药品提供给绿康时间银行合作的慈善组织和中国社会福利基金会实施的互联帮扶计划，平台在其中仅起到媒介的作用。接下来，绿康时间银行 APP 也计划开启线上捐赠的功能。

此外，绿康时间银行也吸引了来自全国范围内志愿者的广泛参与，爱心企业也会通过捐赠服务的方式加入其中。

5. 稳定性和可持续发展

绿康时间银行成立至今未更换过名称和运营地点。该机构的管理人员基本上认可时间银行的运作模式，但对其现阶段运作和未来发展仍存有一定疑虑。

针对绿康时间银行的未来发展，管理人员提出了以下三点建议。

第一，从国家和政府层面来看，针对平台推广时发生的问题，如因缺乏对社会公益服务的认知而出现的中立、反对的声音，民政部、教育部应进一步弘扬“向善”文化，继续推广素质教育，从而促进人口素质的提高；改善民生问题，如完善社会保障体系；在经济快速发展的同时，也应做好发展成果的共享。

第二，从企业层面来看，管理人员认为，公益服务的“蓄水池”固然大，但与爱心企业维持长期良好的合作关系是重中之重，这是每一家时间银行甚至每一个公益组织都需要探讨的问题。他们希望得到有长期合作意愿的爱心企业的广泛支持。

第三，从绿康时间银行自身来看，应分别为不同的平台用户群体提供有针对性的引流策略，如为高校学生提供官方认可的志愿服务证明。

6. 满意度及其他

从主观上考量，绿康时间银行的管理人员对当前所负责的工作持满意态度。他们认为，尽管目前绿康时间银行仍处于起步探索的阶段，但其所要实现的目标是十分崇高的。作为一个面向全社会的公益服务项目，绿康时间银行始终致力于为全中国乃至全世界的民生工程服务。

（二）湖北省武汉市芳邻时间银行

1. 时间银行现状

2015 年 11 月，位于东亭社区的武汉市芳邻时间银行正式成立并第一时间向主管部门民政局备案（当时是以弘文尚德这一公益机构的名义建立的）。芳邻时间银行的运维小程序则从2019年6月开始运营。芳邻时间银行主要提供社区志愿服务、关爱老年人和帮助困难群体等服务。刚成立时，芳邻时间银行主要采用书面记录的方式记录志愿者的服务时长，之后建立了芳邻时间银行的运维小程序，将时长的管理转到线上。目前，芳邻时间银行主要通过线上的小程序管理时长，而线下的时间银行的服务地点则位于武汉市东亭社区内。芳邻时间银行的服务范围涉及附近多个社区，但仍然以东亭社区为主。

芳邻时间银行开始运营时，东亭社区为其提供了独立的办公场所，该地成为其主要的服务点。芳邻时间银行的办公场所共有三层，占地面积约为400平方米。其中，第一层为乒乓球台，第二层为讲座大厅，第三层则为办公室和厨房。

落地至今，芳邻时间银行主要有3名专职管理人员。芳邻时间银行的发起人李杰本人也全程参与了管理工作。这几名管理人员主要是弘文尚德机构的创办者和参与者，年龄集中在40~50岁，受教育程度为大专学历。

芳邻时间银行现有注册志愿者30名，年龄范围为18~80岁，志愿者参与服务最长的达4年左右，最短时长为1小时。志愿者主要来自附近社区（东亭社区占比一半以上）且基本上为退休职工，同时也有附近学校的青少年和大学生志愿者。

被服务方在芳邻时间银行内不需要进行注册，志愿者的服务对象主要为本地社区居民，多半为60岁及以上的行动不便的老年人。其中，被服务方获得志愿服务的最长时长大于3年、最短时长少于1小时。

2. 运营方式

芳邻时间银行的启动经费与维持运营的经费主要来源于李杰等企业家的个人捐赠。

芳邻时间银行是公益性质的，没有收入来源。其日常项目支出分为两类：一是日常运维费用，包括水电费、设备维护费、食材购买费用等；二是活动经费，主要是志愿服务队开展服务活动的费用、举办讲座活动的费用等。举办活动时，芳邻时间银行的负责人李杰等人自掏腰包，一年支出30万~40万元，拨付的款项主要用于维持时间银行的日常运营。

芳邻时间银行的活动开展方式以线下为主，如老年食堂活动、社区夏令营活动、重阳节敬老活动等，并且其打算借改造活动场所的机会增设日间照料服务。芳邻时间银行主要通过每天11：30开始的《弟子规》诵读和分享活动、饭前念感恩词活动以及定期举办讲座和重阳节大型宣传活动等途径吸引成员的参与。

芳邻时间银行自成立至今，未发生较大的风险性问题，其负责人希望政府能够在精神奖励的基础上增加一定的资金投入。

由于芳邻时间银行的运营资金完全由个人捐赠，运营资金有限，因而该机构无法给志愿者购买保险，这也使一些活动在开展时存在一定的风险。

在对服务效果的监督和评估上，芳邻时间银行采用线上小程序记录和线下回访相结合的方式来进行。总的来说，就目前的情况来看，芳邻时间银行现有的运营模式并未表现出明显的问题，但是在服务覆盖的广度上仍然需要进一步拓宽。

3. 记录与通兑方式

自 2020 年 6 月起，芳邻时间银行采用线上小程序——蔡俊团队研发的芳邻时间银行小程序进行记录：通过简单的认证后即成为注册的志愿服务人员，随后只需要在发布任务的界面领取任务并在指定地点完成签到，工作结束后签退，即可获得时长。由于当地志愿者主要为青年学生和有一定文化程度的老年职工，他们大都接受过初中及以上的教育，生活条件较好，文化素养较高，因而对 APP 的使用并未存在太大的问题。

在兑换标准方面，芳邻时间银行基本上采用 1 小时活动时长兑换 10 分，即约人民币 10 元的方式进行，并且规定这 10 分，按照 7∶3 的比例进行划分，7 分用来兑换服务，3 分用来兑换物品，兑换的场所也主要在本机构内部。

芳邻时间银行并不能购买时间储蓄，那些无法提供服务的老年人，主要由社区和时间银行工作人员在评估后提供免费服务。同时，参与志愿服务也是志愿者获取时长的唯一方式，他们并不能通过捐赠物品来兑换时长。但是，基于个人自愿，志愿者可以自由地在 APP 内完成服务时长捐赠和互赠的操作。如果是团队参与志愿活动，其规则大体和个人一样，一般由团队负责人在 APP 内进行登记，代团队领取时长，随后团队内部自行分配。

目前来看，芳邻时间银行在记录和兑换上暂时不存在问题。但是，由于其小程序使用的是区块链技术，转账效率较为低下，一般需要 3~5 分钟才能完成一单的记账，在服务时长的及时反应上有所欠缺。

芳邻时间银行的负责人对通存通兑的态度如下：（1）从系统设计的层面来看，这是可行的，该程序本身支持这一服务；（2）从机构层面来看，目前尚未发现有机构存在这方面的需求。

4. 政府与社会支持

芳邻时间银行的运维资金主要来源于李杰等人的个人捐赠和弘文尚德机构的机

构捐赠。东亭社区在场地和宣传上给予了芳邻时间银行一定的支持。如东亭社区协助芳邻时间银行在居民中进行宣传，在出现问题时芳邻时间银行也会向东亭社区寻求帮助。

当前，芳邻时间银行用于作为物质回报的兑换物资主要由周边企业赞助。如果其需要举办大型活动，一些企业的负责人也会主动让员工参与活动的筹备，从而为芳邻时间银行开展的活动提供人力上的支持。此外，现阶段芳邻时间银行所获得的个人支持主要来自志愿者，其也将志愿者视为自身发展的核心力量。在现有的 30 多名志愿者中，有 8 名核心志愿者（均为中老年退休职工）。芳邻时间银行成立至今，在册的 30 多名志愿者积极参与芳邻时间银行举办的各类活动，起到了很好的带头作用。

5. 稳定性和可持续发展

芳邻时间银行成立至今未更换过名称和运营地点。从业人员对芳邻时间银行发展的预期较为乐观。芳邻时间银行的负责人表示，当地社区和有关企业家对芳邻时间银行的活动给予了高度的重视。同时，芳邻时间银行通过宣讲中华优秀传统文化，得到了当地居民的极大认可。因此，芳邻时间银行负责人和志愿者不仅自己参与时间银行的工作，也十分乐意让子女参与其中。

为了实现芳邻时间银行的可持续发展，芳邻时间银行负责人认为需要在以下几个方面做出努力：一是机构本身需要更加努力，利用时间银行改造升级的机会，推进服务升级，促进养老敬老活动的开展；二是需要政府给予更多的支持，现阶段，政府在不少场合给予了芳邻时间银行精神和荣誉表彰，但资金等物质支持还较少；三是希望其他社会组织和企业提供更多的物质支持；四是通过芳邻时间银行为社会组织赋能。

总的来说，芳邻时间银行负责人认为，时间银行看起来是交换体系，但其本质并不是为了交换，而是为了创造人与人之间的联结，促进社会和谐。在这个过程中，交换只是手段，让每个人实现个人价值才是最终目的。芳邻时间银行系统经过多年发展，已经迭代升级了三个版本，能够很好地满足各种公益应用场景、不同时间银行理念和运营模式的需要。弘文尚德团队正在以 SaaS（Software-as-a-Service，通过网络提供软件服务）模式向其他社会组织提供时间银行软件服务。目前，其已经为基金会、社会组织、企业等十几个实体部署了时间银行系统，有效地推动了时间银行在我国的发展。

6. 满意度及其他

芳邻时间银行负责人对本机构的工作总体上是满意的。他认为，随着时间银行的不断发展，这一服务形式会更加成体系并吸引更多的人参与。同时，他们也希望传递本机构发展的经验，在这个过程中提供一些真正服务老年人的事情。

五、农村时间银行案例

本部分以河南省新乡市凤泉区五陵村五陵时间银行为例进行介绍。

1. 时间银行现状

五陵时间银行位于河南省新乡市凤泉区潞王坟乡东部的五陵村。五陵村有居民6 129 人、村民小组 12 个。该村共产党员有 191 名。

五陵时间银行是全国首家农村时间银行，由五陵村党总支书记陈红玉发起。2015 年 4 月 11 日，时任凤泉区委书记张占桢和中国台湾时间银行秘书长葛文祥共同为五陵时间银行揭牌。五陵时间银行成立当天，近 500 名爱心人士登记开户，成为首批时间“储户”。五陵时间银行自成立以来，在五陵村党总支和村委会的领导下，以倡导社会主义核心价值观为己任，以乡村振兴为目标，秉承“人人为我，我为人人”的服务理念，坚持发动和带领群众从我做起，从日常小事做起，有力地促进了全村的精神文明建设。经过多年发展，五陵时间银行逐渐完成了本土化的过程，从一个“学习式”的舶来品，逐步适应了五陵村的实际情况，融入了五陵村的治理体系当中。

截至 2021 年 4 月 11 日，五陵时间银行成立 6 周年，储户达到 6 000 余人，其中有 5 000 余人为五陵村村民（占全部储户的 90%以上），其他储户是来自 23 个爱心单位、19 个爱心企业的省内外爱心人士。储户服务时间累计达 9 000 多小时，支取时间为 4 800 小时，举办大型公益活动 245 次。志愿者队伍涵盖从小学生到 80 多岁老年人的不同年龄层，个人最高服务时长为 600 多小时。服务对象主要为五陵村村民。

五陵时间银行根据群众的日常生活需要和爱心储户的资源情况，开设有老年人日间照料、义诊、义剪、电器维修、学生辅导等 12 个常规服务项目。

在组织架构上，五陵时间银行建立了党支部。在行政上，五陵时间银行设行长一人、副行长 1 人、各部主任 3 人。五陵时间银行现有专职工作人员 10 人、兼职工作人员 12 人。

五陵村共有 16 家乡村企业。五陵时间银行的绝大部分启动资金和活动经费由这些乡村企业捐赠，其余为国家提供的老年人活动经费补贴。五陵时间银行下设日间照料中心和图书馆两个分支机构，总占地面积为 1 000 余平方米。目前，专门的办公大楼正在建设，约为 600 平方米。

2. 运营方式

五陵时间银行的服务内容大致分为个人服务和公共事务两个模块。

个人服务内容包括家电维修、理发服务、医护服务、教育培训、文艺辅导等11项。以上服务内容的具体界定没有严格的规定和要求，服务内容包括但不限于以上门类。

在个人服务内容的基础上，五陵时间银行还承担着举办村运动会、重阳节敬老活动、春节联欢活动等集体活动的任务。在当前记录的服务中，志愿者针对村内公共事务的服务时间占比最高，大多数的志愿活动都是以集体为单位进行的。服务流程较为依赖工作人员，由工作人员收集需求，点对点匹配并联系志愿者提供服务。工作人员一般采取两种方式联系志愿者：一是通过微信群来联系合适的人；二是工作人员直接通过电话或微信联系有该技能的储户，然后由储户进行服务。

五陵时间银行采取线上与线下相结合的方式开展活动：线上主要通过“心连心五陵梦”微信公众号和微信群发布志愿活动，线下则开展具体的志愿服务活动。在成立之初，五陵时间银行的服务内容主要为家庭琐事，但随着志愿者队伍的不断扩大和志愿者技能的不断提高，五陵时间银行的创意服务越来越丰富，如心理咨询、法律援助、健康咨询等。五陵村中央有一个4平方米左右的LED屏，除了播放新闻联播和电影，还滚动播放村里的好人好事，公布志愿者的基本信息，如姓名、技能、联系方式等，通过示范效应，感染和带动更多的村民参与到志愿队伍中。

为了激励更多的村民加入志愿者队伍，五陵时间银行的储户还享受一定的福利，如免费领取报纸、借阅图书；免费测量血压、免费使用药箱；免费发送接收邮件和代收包裹等。

3. 记录与通兑方式

五陵时间银行设有专门的时间银行营业厅，办理登记积分和兑换服务等事项。之前，志愿者在注册成功后，工作人员会为每位储户发放一张集成电路（IC）卡，用来记录其志愿服务积分。现在，五陵时间银行主要通过纸质存折和线上表格来记录时间币的累积状况，但他们同时也在开发新的信息技术来提高记录效率。

五陵时间银行有两套通兑机制，分别为时间币存兑（A分）和时间积分存兑（B分）。时间币存兑按照“1小时=1个时间币”的方式进行，并且只能用于兑换服务；时间积分存兑是通过额外的好人好事来记录和积累的，可以兑换一些物品。同时，五陵时间银行也有两套激励机制，分别为根据时间币来评选“先锋储户”和根据时间积分来评选“明星储户”，以激发大家的参与动力。

由积分累计制度可见，五陵时间银行正处在吸引志愿者参与的阶段，对服务内容及其积分没有明确的量化标准。随着志愿者队伍的不断扩大和志愿活动的不断丰富，参考活动类型、劳动强度和技术含量的量化积分制度亟待建立。同时，五陵时间银行缺乏自我造血能力，在资金上主要依赖当地的乡村企业。此外，时间银行属于新生事物，在向有关部门报备注册的时候，因为机构名称带有“银行”二字，也产生了一系列的“麻烦”。

4. 政府与社会支持

五陵时间银行的成立和发展得到了当地各级政府的关心和支持。目前，已有省内 52 个爱心合作单位、19 个爱心合作企业和 1 个省外合作企业参与到该时间银行的发展进程中。五陵时间银行先后开展了“十星文明户”“好婆婆”“好媳妇”等争先创优评选活动，受到上级党委、政府及村内群众的一致好评。2016 年 12 月，陈红玉以党支部为依托，成立了“发展・新思路工作委员会”，吸收优秀青年党员和退休老干部为本村建设和发展建言献策。“发展・新思路工作委员会”成立后，收到的建议达 60 余条，工作人员择优选用了 30 多条。这不仅为老党员发挥余热提供了平台，也充分调动了广大村民参与农村建设和发展的积极性。

5. 稳定性和可持续发展

从人员角度来看，五陵时间银行有充足的志愿者队伍，村民们参与志愿服务活动的积极性也比较高。同时，五陵时间银行有专职工作人员和兼职工作人员，组织架构完整。这些都为该时间银行的持续发展提供了人员方面的保障。作为全国第一家农村时间银行，五陵时间银行得到了当地各级政府、爱心合作单位和爱心企业的关心和支持，这也有利于该时间银行的持续发展。但是，在研究团队的调研中，我们发现五陵时间银行在独立性和可持续性等方面仍然存在一些值得讨论和反思的问题。

其一，五陵时间银行在日常运营过程中面临缺乏专业性指导的问题。推行五陵时间银行是一个摸着石头过河的过程，主要利用管理实施者的智慧，摸索经验，总结教训，创新实施办法，健全规章制度。目前，其负责人希望得到时间银行这一领域更专业、更细致的指导，帮助该机构解决在运行过程中的一些细节问题。

其二，五陵时间银行时间币“只存不兑”的现象突出。村民参与志愿活动的积极性很高，大都是自发要求参加的。从工作人员到志愿者，相较于“索取”，他们更看重“付出”。五陵时间银行更像一个单向的村民志愿组织，他们对时间银行的“有偿”理念并没有完全透彻理解。但是，五陵时间银行要长效可持续地运行，就必须依靠合理的时间币流通的规则。

第四章　我国时间银行的发展特点、功能与应用

一、我国时间银行的发展特点

时间银行在我国开启探索之路的20余年来，其本土化发展既借鉴了西方传统模式和经验，又深受中国社会制度、传统文化等多重因素的影响，形成了独具中国特色的发展特点。结合实地调研情况和学者们的研究，我们认为，我国时间银行的发展主要有以下四个特点。

（一）发展遵循党建引领

政府对时间银行的引导和帮助，是中国时间银行发展的重要组织特色。从组织队伍的建设和组织活动的内容来看，中国时间银行的发展遵循党建引领这一规律。在组织培育方面，时间银行大多产生于政府购买的社会服务项目，如与社会工作团队合作孵化或在街道指导下由社区居委会组建筹办，成立之初的资金和人员也大多来自政府部门。例如，上海市闵行区康城社区时间银行，以社区党建为纽带，有效凝聚、整合社区各方力量，逐步形成了以社区党委为核心，以居委会党组织为基础，由各职能部门工作站、社区居民、物业服务企业共同参与，呈现政府履职与居民自治充分融合的党建引领下的社区治理新格局，显著提升了社区管理水平。在农村，时间银行与乡镇党委和政府紧密结合，通过党员带动作用吸引更多的村民参与日常村务和志愿服务，起到了良好的示范作用。历史经验表明，在政府重视培育时间银行之前，时间银行在我国的探索是艰难而曲折的；政府开始推广时间银行等互助养老模式后，时间银行才开始有了质的进步和飞跃。中国时间银行形成了以社区为主导、以地方政府为依托和以政策为支撑的本土化模式。①

---

① 袁志刚，陈功，高和荣，等. 时间银行：新型互助养老何以可能与何以可为［J］. 探索与争鸣，2019（8）：4-36.

（二）发展植根于本土文化

我国时间银行在组织文化上深受孝文化和传统家庭观念的影响。区别于西方国家为突出时间银行的金融性而将时间银行作为储存人力的一个金融投资产品，我国时间银行在发展过程中更多地表现出志愿性、互助性的文化特色。中国时间银行的文化内核正是互帮互助、互利共赢、孝老敬亲，因此中国时间银行在培育和发展的过程中，获得了较好的群众基础，减少了发展阻力。各地结合实际情况，发展出了一系列具有中国特色的项目名称和机构名称，如“时间储蓄”“爱心储蓄”“道德银行”等①。此外，受“家本位”传统观念的影响，我国时间银行在本土化过程中也会重视个体服务与集体服务的平衡，以最大化地利用所集中的资源。中国时间银行会根据当地老年人的状况和节日开展特定服务，如河南省开封市油坊社区时间银行，在腊八节开展送粥爱心活动，武汉打铜社区时间银行开展“好媳妇评选”“春节团年饭”等中国传统家庭特色活动，带领居民参与时间银行志愿服务，促进成员间相互了解，激发社区正能量②。

时间银行的本质体现在“互利互惠”上，是社会成员有偿交换服务的行为，这种思想与我国传统文化息息相关。在诸子百家思想中，儒家的“仁爱观”“义利观”，墨家的“兼相爱，交相利”，道家的“太平世道”设想等论述，都体现了互利互惠的思想。佛教倡导慈悲为怀，宣扬无我以利他的救世思想，作为自我救赎的一部分，也与互利互惠思想有共通之处③。“互利互惠”思想在古代宗族制度和民间人情往来中得到具体的实践贯彻。在宗族中，以血缘关系为纽带、以姓氏为代表的家族将成员之间在经济、社会等领域内的互帮互助视为家族凝聚力的体现。在民间，中国式的人情文化也充分体现了互利互惠的准则。“来而不往非礼也”，礼物的流动也是人情的流动，人情的回馈和返还是社会运行的默认规则④。无论是宗族内外的社会资本积累，还是民间的社会网络流通，都为时间银行在中国本土的发展奠定了基础。时至今日，时间银行依旧依靠“互利互惠”的思想，搭建新的社会网络，构建新的社会交往秩序。

---

① 袁志刚，陈功，高和荣，等. 时间银行：新型互助养老何以可能与何以可为 [J]. 探索与争鸣，2019 (8)：4－36, 197.

② 凌瑾. 时间银行：志愿服务模式的本土化探索：以武汉市为例 [J]. 湖北经济学院学报（人文社会科学版），2020 (4)：41－44.

③ 陈功，黄国桂. 时间银行的本土化发展、实践与创新：兼论积极应对中国人口老龄化之新思路 [J]. 北京大学学报（哲学社会科学版），2017，54 (6)：111－120.

④ 陈功，黄国桂. 时间银行的本土化发展、实践与创新：兼论积极应对中国人口老龄化之新思路 [J]. 北京大学学报（哲学社会科学版），2017，54 (6)：111－120.

（三）发展由政府主导

从运行主体的角度来看，中国本土时间银行分为三种类型：政府主导型时间银行（以政府牵头多方合作为主）、企业主导型时间银行（一般作为养老机构的嵌入性组织由企业运行）、社会组织主导型时间银行（一般以养老公益性组织为主导）。有别于西方时间银行以社会力量为主导的运行形态，当前我国时间银行主要用的是政府、市场和社会力量参与的混合模式。其原因在于，单靠政府或市场是不足以完成整个时间银行“信用与服务体系”建设的。我国时间银行的发展必然离不开政府的主导，同时也需要开发人力资源，倡导更多社会公众参与其中，因此其本质上应该是政府、市场、个人（社会）的一种结合。在实践探索过程中，我国各地时间银行因地制宜，吸取本地社区的发展经验，通过政府搭台，广泛动员社会组织和企业力量参与，盘活社区资源，走一条本土化的创新之路。同时，时间银行在推行过程中，政府主导的作用在增强。当前，以南京市、上海市、青岛市等地为试点的政府主导型养老服务时间银行逐渐成为新兴热点，政府牵头创建了一系列运行标准、规范与机制，成为主要的发展趋势。今后，为实现时间银行的可持续发展，政府仍需坚持主导地位，加强政策引领，着力打造试点样本模式，加强政策学习，推动政策创新，做好时间银行的基础保障和宣传推广工作，为时间银行的发展奠定坚实基础。此外，有关方面也应多探索企业主导、社会组织主导等不同时间银行发展的模式，拓宽其应用领域及范围。

（四）发展技术与时俱进

发展技术的进步改善了时间银行的生存状态。时间银行的参与群体众多，普通的信息记录方式难以实现对庞大信息的统一管理以及信息的互通，无法保障信息的有效存储和流通。有学者认为，随着时间银行的广泛应用，时间银行需凸显智能化特点，以用户需求为出发点提升开发速度，提供更便利、智能化的设计，以提高管理效率、扩大推广范围。

早期我国时间银行的服务点基本上以街道和社区为单位，服务范围受到地域局限，而且信息记录依赖人工账目，导致“时间货币”很难实现跨社区、跨地区的通存通兑。现在，时间银行依托信息技术手段，利用微信小程序、支付宝或社区 APP 等便民应用记录账目，体现出极高的便利性和科学性。我国时间银行试点众多，但存续时间短，其重要原因就是以往时间银行的适用范围被限制在社区内，难以扩大受众范围，市场竞争力有限。当前，互联网、智能终端和区块链技术的进步为我国时间银行提高信息化程度、推动线上平台发展提供了基础。例如，江苏省南京市养老服务时间银行通过搭建统一的信息化平台，对数据进行集中化管理，记录、监督时间银行的运作，实现对志愿者的统一管理以及本市范围内的时间货币通存通兑。此外，微信小程序和各类 APP 等网络信息平台在时间银行实践中的应用取代了以往单纯的纸质记录方式，志愿者招募、登记注册、服务宣传的开展更加便利，也避免了过去信息记录易出错、难以转移等缺陷，整体规模与影响力进一步扩大。

为了促进时间银行时间币的流通性，增加信息存储容量，一些学者提出将区块链技术应用到时间银行的实践中，以更好地保障服务提供者的权益，保证时间银行的公平机制。随着时间银行在我国应用范围的扩大和应用程度的加深，简单的时间银行结构已经无法满足广大用户的需求。而区块链技术为时间银行技术创新提供了更大的空间，可以增加储户容量，提高使用效率，提供信度保障。例如，山东省青岛电子时间银行依托科技 APP 平台，利用区块链进行技术创新，以电子社保卡为载体，打造了将志愿服务时间计入互联网数据的信息交换平台。此外，有关部门应进一步推动互联网、大数据、人工智能与时间银行操作体系的结合，提高时间银行整体运行的信息化、数字化、智能化、网络化水平，将时间银行打造成“智慧银行”。

二、我国时间银行的功能与应用

（一）养老功能：创建养老互助新模式，缓解养老负担

养老功能是时间银行最基础和最广泛的功能。与传统养老模式相比，时间银行更具经济性、平等性、互利性和循环性等特征[①]，已逐渐成为新时代的创新养老方式之一。在积极老龄化的视角下，发展和推广时间银行的实践意义在于，能够有效缓解老年人口社会养老服务需求不断增长与供给不足之间的矛盾，通过社会参与促进退休老年人的心理调适，发掘老年人潜能并倡导志愿服务理念[②]。

基于独特的理念和运作方式，时间银行正成为社区养老互助模式的重要补充。研究团队对河南省开封市油坊社区时间银行的调研表明，机构设立的主要原因是有82.8%的社区老年人不愿意去养老机构养老。在社区居家养老成为油坊社区未来主要的养老方式的背景下，时间银行项目的设立可以提供、调动更多的社区人力资源参

---

① 李海舰，李文杰，李然. 中国未来养老模式研究：基于时间银行的拓展路径［J］. 管理世界，2020，36（3）：76－90.

② 陈际华.“时间银行”互助养老模式发展难点及应对策略：基于积极老龄化的理论视角［J］. 江苏社会科学，2020（1）：68－74.

与为老服务，缓解社区内老年人部分非专业化养老服务需求。时间银行给老年人增权赋能，提高了老年人的社会地位，缓解了代际冲突，降低了养老负担和养老风险，实现了老有所为、老有所养。例如，上海市虹口区时间银行打造了一条养老服务可持续生态链，扩大了养老服务的社会参与面。

中国时间银行最成功和最广泛的探索应用是与社区结合的时间银行的互助养老模式，即把时间银行中的储蓄机制和激励机制引入互助养老服务中，进行合法性、规范性的结合运行，从而形成具有可行性与持续性的时间银行互助养老服务模式①。例如，中国银行承担社会责任，开发时间银行互助公益平台，发挥自身优势，运用区块链、大数据推广养老服务时间银行，并且已经形成完善的平台和运行规范。中国银行与当地民政局合作，在上海市、海口市、十堰市等地落地，在互助养老领域内取得了明显成效。

此外，有学者认为，在农村人口老龄化程度逐渐加深、人口流动速度不断加快、家庭养老保障功能日益弱化和机构养老服务资源供给不足的背景下，时间银行模式可以为农村社会养老服务体系提供有益补充，有助于满足农村老年人多层次的养老需求，开发农村老年人人力资源，推动互助养老可持续发展，完善现有社会养老服务体系，有效缓解农村老龄化问题。②

（二）文化功能：引领志愿与互助新风尚，促进社会和谐

时间银行在实践应用过程中，让参与者在活动中潜移默化地感受志愿服务的魅力，培养尊老敬老的社会风尚，这种道德感的培育就是时间银行的文化功能。广东省惠州市仲恺高新区陈江街道曙光社区时间银行一直鼓励社区居民加入时间银行的志愿者队伍，旨在加强社区内部人与人之间的沟通与联结，营造“一家人”的社区文化。时间银行解除了志愿者遭遇困难时的后顾之忧，也减少了志愿者奉献后的“失落感”，有助于形成良好道德氛围，也有助于实现善有善报的公正、公平理念。时间银行提倡的“互惠”与“交换”行动是发挥“公益与慈善”参与第三次分配的重要手段，通过在微观层面解决现实需求来实现社区融合、在宏观层面分配公益资源来实现资源整合③。时间银行在更大范围内得以推广与应用，有助于在全社会营造“人人为我、我为人人”的公益与志愿风尚，从而引导更多的人参与互助服务，最终

---

① 赵思凡.“时间银行”引入互助养老服务的实现路径研究［D］. 西安：西北大学，2017.

② 纪春艳. 农村“时间银行”养老模式发展的优势、困境与应对策略［J］. 理论学刊，2020（5）：140－148.

③ 陈功，索浩宇，张承蒙. 共建共治共享的社会治理格局创新：时间银行的可行路径分析［J］. 人口与发展，2021，27（1）：16－24.

形成国家的公益资产。

因此，在文化层面将时间银行与志愿服务充分结合是当前时间银行本土化实践中的一个重要应用领域。志愿服务组织运用时间银行的概念，创新志愿工作形式，实现“自我管理、自我完善、完全开放、有效运行”①。时间银行所具备的整合社会资源、凝聚社会力量的社会功能与志愿服务组织的服务宗旨相一致，因此与志愿服务相结合的时间银行，既符合志愿组织的公益目标，又让时间银行更能得到社会的推广和接受。例如，广东省深圳市龙岗区南湾街道爱心银行志愿联合会成立的初衷是激励志愿者参与街道的服务工作，为此开展了公益慈善、居民素质提升、社区问题、青少年关爱等10个方面的志愿服务项目。张家港市养老服务时间银行试点工作组经过调研，考虑了志愿者的能力和被服务方的需求，对服务内容做了明确的规定，明确开展17项志愿服务项目，分为非专业性志愿服务和专业性志愿服务两大类，已完成百余次服务。志愿服务与时间银行相结合，使传统自发的、临时的、个别的、分散的帮扶行为变成了有组织的、长期的、广泛的志愿帮扶活动，从而在社区内形成了助人为乐、爱心奉献的道德风尚②。

（三）教育功能：德育培养和实践能力双结合

时间银行与大学人才培养的深度合作体现了教育功能。高校开设与时间银行相关的课程是大学德育教育和实践能力综合培养的要求。例如，湖南省长沙市长沙县星沙街道望仙桥社区时间银行与周边的大专院校开展了结对合作，将社区作为学生的实践基地，将志愿服务纳入学生的实践课程中，以充实学校的德育教育体系。河南省开封市油坊社区时间银行由油坊社区与河南大学至善社工服务中心联合打造，社工服务中心出资、社区管辖，初期活动的主要形式是假期学生的社会实践服务，后来才转变为以发展社区老年志愿者为主。时间银行与大学人才培养的深度合作具有两个方面的功能：其一，时间银行为学生提供了一个参与志愿服务的平台，参与者在服务中增进服务意识，培养志愿服务精神，提升品德修养；其二，时间银行让学生的服务能力和实践能力得到锻炼，让学生走出课堂，将理论应用于实践，增强了动手能力。

与此同时，时间银行向教育领域的拓展也是其今后一个重要的应用场景。时间

---

① 朝阳区委社会工委，朝阳区社会办. 朝阳区：创建公益银行 志愿服务换来消费优惠 [J]. 前线，2010 (S2)：48.

② 李晓燕，孙林，方萍，等. 我国“志愿时间银行”问题研究：现状、问题及对策 [J]. 劳动保障世界（理论版），2013 (1)：94 - 97.

银行选择与大学教育相结合，利用社会工作实践教育、思想政治教育等学生活动，组织志愿服务，提高学生思想道德修养，增加学生社会实践能力。在此过程中，选择吸纳高校学生投身志愿服务事业，可以为“时间储蓄”机构的发展注入新的活力，提高未来“时间储蓄”模式发展运作的可持续性①。例如，浙江省杭州市绿康时间银行通过浙江工商大学、浙江理工大学等高校团委与在校大学生志愿者合作，联合实施爱心为老服务。在校大学生依托绿康时间银行开展志愿服务，给高校志愿者提供官方认可的志愿服务证明，有助于德育素质评分和实践经验积累等，可以实现双赢的目的。同时，一些时间银行与高校在社会实践、学术研究等方面开展多层次合作，共同探讨“公益+”领域的机制创新、模式创新，打造全方位、多领域养老助老服务模式。如五陵时间银行与河南省众多大学合作，成立大学生实践基地，鼓励大学生参与五陵时间银行的服务和五陵村的调研工作；成立青少年劳动实践基地，让青少年通过参与劳动、提供志愿服务在实践中学习本领，提高能力，领悟志愿精神。

中共中央、国务院发布的《关于全面加强新时代大中小学劳动教育的意见》指出，“把劳动教育纳入人才培养全过程，贯通大中小学各学段”。但在现有的教育体系中，劳动教育正面临着被淡化的问题，“不劳而获”的观念冲击着青少年的价值取向。对此，北京大学等高校依托研究基础，以“劳动教育课程及实践培养体系创新”为主题，针对目前劳动教育教学和实践培养中存在的问题，以“发挥时间银行劳育平台作用、推动时间银行融入劳动育人全流程、打通理论课程与劳动实践的衔接”为核心目的，基于时间银行创新和完善劳动课程现有的知识体系、教学方法、实践内容、组织机制，形成劳动育人成效的评价机制，探索“时间银行+劳动育人”的新范式。在整合劳动教育理论课程的基础上，将时间银行平台建成移动端劳动教育自主选课学习平台。在调研校内劳动教育理论课程现状与待开发资源基础上，一些高校依托时间银行选课学习平台，实现充分融合的交流互动，采用互动答疑、专业培训、服务学习等模式丰富理论课程的教学内容和教学方法，实现了较好的劳动育人成果。此种运营模式已被推广至多所院校。

（四）社会治理功能：整合社会力量，积累社会资本

时间银行在基层社区应用过程中，吸纳了社区中有空余时间、热心志愿的社区居民，请他们作为服务提供者参与社区共建共治，最终实现社区内的良性互动与人人共享。作为维护社区治理的有效工具，时间银行发挥了应有的社会治理功能。时

---

① 陈珊，彭萱.“时间储蓄”互助养老与社区照顾服务协同发展研究［J］. 法制与社会，2018（35）：151－152.

间银行通过存兑，盘活了社区及周边资源，营造了熟人社区的氛围，提升了居民幸福感。

时间银行与基层社区治理的紧密结合是符合中国国情的现实选择，也是其今后较为广泛的应用方向。时间银行不仅是一种社会治理形态和载体，而且是一种促进公共利益的社会行动。时间银行可以通过社区融合促进社会自治和资源整合，实现公平正义，进而提升社会治理的效能。时间银行是促进积极老龄化和公益资源整合的有益尝试，能够推动社会公共利益的最大化，为社会治理注入新活力。在加强和创新社会治理的背景下，时间银行具有更大的发展空间①。例如，一刻公益以社会组织为主导，与企业、社区居民联动，在社区内开展互助养老和社区服务。其通过多主体协同下的资源整合，加强对社会公民服务意识的培育，通过政府主导、社会组织运营来构建灵活的运行模式与兑换机制，以“共建共治共享”的方式，提升基层社区治理的效能。

除城市社区治理外，时间银行也在农村社会治理中起着重要的作用。研究团队通过对五陵时间银行的调研发现，从 2015 年至今，该时间银行逐渐适应农村治理的需求，完成了本土化转型。五陵时间银行在适应五陵村文化环境及治理需求时，其目标、组织形式和运行机制等都发生了适应性调整，但仍保留了时间银行的核心内涵，实现了重构与存续的结合。在服务内容上，从以提供私人性服务为主转变为以村庄公共性服务为主；在组织管理上，从管理储户服务交换为主，逐渐与村庄内外的组织整合，成为公共事务的综合性处理平台；在制度构建上，从一套齐全繁复的机制逐渐变得简化、扁平，实现了介于现代化治理中严格规章与乡村传统制度之间的平衡；在服务方式上，从个人互助逐步延伸至以集体活动为主的“打包式”专业化服务。五陵时间银行的成功实践证明了时间银行模式的弹性及其适应中国社会的可行性。通过本土化，时间银行很好地参与了农村社区治理，并且与农村党建、志愿服务等相结合，有效地提升了农村社区的治理效率。

---

① 陈珊，彭萱．“时间储蓄”互助养老与社区照顾服务协同发展研究［J］．法制与社会，2018（35）：151－152.

第五章　我国时间银行发展的问题与挑战

一、功能定位模糊，理念发展较为迟滞

随着我国人口老龄化程度不断加深，在传统家庭养老逐渐难以为继，社区居家养老、机构养老尚未有效补充养老空缺的背景下，时间银行作为一种由非血缘关系形成的互助养老模式逐渐出现在我国部分城乡社区[①]，并且逐渐向全国各地进行推广，由此产生了一定的养老服务效果，受到国内公益领域实践人员与学者的关注。然而，学界有关时间银行的理论研究仍有较大的拓展空间，对其功能定位尚需进一步厘清。同时，时间银行领域实践人员及大众对时间银行理论和实践的认识，总体上而言仍然相对不足。时间银行究竟是什么，是一种创新型志愿服务的形式，还是一种新型养老模式的探索？时间银行可以发挥哪些功能？[②③④] 时间银行的目标人群是否局限在某单一群体，服务提供者和服务对象是否只局限于老年人？时间银行又是否能够继续发展下去？[⑤] 种种问题摆在该领域的研究者和实践者面前，仍需进一步探索、梳理与认识。

一方面，时间银行不仅是一种互助养老、志愿服务的实践，也是一种重要的价值理念。时间银行的所有成员通过自身的养老服务实践共同营造“我为人人，人人为我”的社会文化氛围。[⑥] 参与时间银行项目服务的志愿者在履行服务义务的同时，

---

① 景军，赵芮. 互助养老：来自“爱心时间银行”的启示 [J]. 思想战线，2015，41 (4)：72 - 77.

② 代丽丹. 浅论社区老年志愿者档案机制的建立 [J]. 山西档案，2016 (1)：113 - 115.

③ 张晨寒，李玲玉. 时间银行：居家养老服务模式的新探索 [J]. 河南师范大学学报（哲学社会科学版），2016，43 (5)：80 - 85.

④ 张文超，杨华磊. 我国“时间银行”互助养老的发展现状、存在问题及对策建议 [J]. 南方金融，2019 (3)：33 - 41.

⑤ 徐雅. 促进社区可持续发展问题研究：兼谈“时间银行”的重构 [J]. 商业经济研究，2016 (6)：138 - 140.

⑥ 袁志刚，陈功，高和荣，等. 时间银行：新型互助养老何以可能与何以可为 [J]. 探索与争鸣，2019 (8)：4 - 36.

也获得被服务的机会与权利。另一方面，时间银行的互助模式也广受争议。部分学者指出，时间银行理念上采用了“功利化回报”机制，这与道德建立在行为主体的无私、自愿、自觉的基础之上存在内在的伦理价值冲突。这些学者对时间银行市场化的激励机制持审慎的态度，认为其产生的道德伦理问题与真正道德层面的志愿精神相违背[①②③]。因此，时间银行实践中的互惠回馈模式与内在道德价值之间的冲突，成了是否会制约时间银行进一步发展的重要议题。此外，时间银行模式下的社会公众行为，归根到底是属于“自助”还是“他助”，抑或是一种超越两者的“共助”？此问题仍需要通过开展广泛的讨论和对话，以得到更加有力的理论支撑。例如，有学者从法学的角度通过论述“付出”与“回报”之间的关系来尝试构建互助养老之间的劳务关系[④]；有学者从货币功能的角度剖析“时间货币”在蕴含价值尺度、支付、贮藏等功能之外，还包含道德与经济的双重属性，展现时间银行独具特色的五大核心价值观[⑤]；也有学者发现体育服务业创造性地将时间银行打造成区块链技术赋能健身休闲业的案例，开创出运用区块链技术探索数字经济的创举[⑥]。此外，有学者立足于公益，认为时间银行的计量问题，不应进行分类计值，而应通过平台将互惠纳入交换的过程中，以缓解无偿或者低偿服务中的倦怠问题[⑦]。

因此，在综合、准确地把握既有调研成果的基础上，我们通过梳理过往研究对时间银行发展中的不同价值取向和功能向度的研究，认为时间银行目前存在功能定位模糊、理念发展较为迟缓的问题。我们也认为应当具体情况具体分析，在时间银行服务社区老年人群体的基础上，通过研究有效缓解社区助老服务需求的相关实践，积极做好多学科理念的传递与交融工作，引导时间银行成为一种互助养老的社会共识。

二、制度尚未健全，信用建设任重道远

时间银行通常以提供社区养老服务开展实践活动，因此在与社区居家养老服务

---

① 施一满. 大学生“道德银行”建构论［D］. 长沙：中南大学，2012.

② 林宣龙，刘华芳. “道德银行”负面效应审视［J］. 教学与管理，2014（2）：4－5.

③ 李鸿浩. 由“道德银行”调研引发的若干思考［J］. 高教与经济，2005（1）：72－75.

④ 王笑寒，郑尚元. “时间银行”公益互助养老服务机制之法律关系界定与构造［J］. 山东大学学报（哲学社会科学版），2020（6）：157－164.

⑤ 陶士贵，张瑛. “时间银行”互助养老的机理与路径：基于时间货币视角［J］. 新视野，2022（2）：81－87.

⑥ 沈克印，寇明宇，王戬勋，等. 体育服务业数字化的价值维度、场景样板与方略举措［J］. 体育学研究，2020，34（3）：53－63.

⑦ 陆海燕. 养老服务共同生产的实践与探讨：以时间银行为例［J］. 理论月刊，2021（7）：117－125.

一同发展的过程中，时间银行为满足我国老年人的养老服务需求提供了一种低成本、高效率的途径。很多地区掀起了探索时间银行互助养老的新风。不论是日益原子化的城市社区中的老年人，还是家计模式改变的乡村社区中的老年人①，都能够在通过时间银行持续性满足自身养老服务需求的同时实现自我价值②。时间银行作为新兴的养老服务模式，其特色存储机制则要求强有力的信任背书，因此其制度建设的进程势必离不开政府的支持。例如，北京市通过发布《北京市养老服务时间银行实施方案（试行）》③，积极响应人口老龄化的国家战略，为进一步推动北京市时间银行发展提供政策引导。然而时至今日，中国时间银行在有关制度建设上仍有局限之处，顶层设计、政策法规和信用担保机制等方面的缺失④，都给时间银行的发展造成了一定的障碍，使得时间银行存在严重的地区发展不均衡的问题。时间银行作为一种以时间货币为核心的补充经济系统，本质上也是一种社会信用工具。由此可见，中国时间银行发展的信用建设尤为重要。但是，由于公共政策的缺位，时间银行尚未有效融入目前的社会信用体系中，因而时间银行信用建设还需要进一步加强。

通过审慎观察目前仍然处于运营状态的不同时间银行发展案例，我们发现，由于各地区经济社会发展状况不一致，国内尚未形成统一的时间银行制度保障体系。各地时间银行的运营方式也各有特色。例如：北京市帮帮银行主要由社区居委会进行统筹运营与管理；北京市幸福时间银行则主要依托产业孵化园区，由孵化园内负责人出资运营管理；上海市嘉定区南翔镇社区卫生服务中心时间银行主要为解决病人就医问题提供服务；上海市慈爱公益基金时间银行主要服务慈爱公益基金会内部，而未面向社会面推广其服务；上海市康城小区时间银行采用“盘活资源，内部造血”的运营模式，以社区党委为核心、居委会党组织为依托，各职能部门互相配合，居民、物业管理公司共同参与的方式运营；陕西省府谷县时间银行虽以府谷县街道办事处为依托，但由于当地政府没有出台统一、规范的配套政策文件，因而在运行过程中大多以街道办事处的办事章程为管理参考规范。

---

① 贺雪峰. 互助养老：中国农村养老的出路［J］. 南京农业大学学报（社会科学版），2020，20（5）：1－8.

② 陈功，王笑寒. 我国“时间银行”互助养老模式运行中的问题及对策研究［J］. 理论学刊，2020（6）：132－140.

③ 北京市民政局 北京市财政局共青团北京市委员会关于印发《北京市养老服务时间银行实施方案（试行）》的通知［EB/OL］.（2022－01－20）［2022－2－16］. http：//mzj. beijing. gov. cn/art/2021/12/31/art_9372_ 25662. html.

④ 陈际华.“时间银行”互助养老模式发展难点及应对策略：基于积极老龄化的理论视角［J］. 江苏社会科学，2020（1）：68－74.

中国时间银行的实践大多从基层兴起，但有关公共政策的缺位深刻影响了时间银行信用氛围的营造，从长远来看，势必影响时间银行实践领域通存通兑的可能性①②，使建立全国范围内通存通兑信用体系变得困难重重。同时，尚未建立的信用担保机制和有待完善的参与评价体系则可能造成志愿服务参与者的积极性较低、创造活力不足等问题，同样导致参与时间银行的志愿者始终局限在某一小部分群体中。因此，制度尚未健全、信用建设任重道远也是时间银行发展途中一定时间内难以破解的问题。为了最大限度地降低时间银行的交易成本，时间银行需要借助政府的公信力及宏观行政指导功能，将政府作为政策发布的主体，通过政策文件的形式，真正建立起时间银行与社会信用体系之间的紧密联系，充分开发利用我国的老年人力资本③，切实推动时间银行的长远发展。

三、运营管理薄弱，资源获取存在瓶颈

我国时间银行的发展具备一定的自发性，因此绝大多数时间银行的实践需经历一个从不成熟到成熟的过程。目前，我国时间银行尚处于发展阶段，其基本的运营管理能力尚有待加强。同时，虽然各地政府出台了政策法规，为时间银行的发展提供了方向和指引，但资金、人力、物力等社区互助养老模式有效运转的必要条件，却并未随着政策的推出而被有效纳入时间银行的发展过程中。因此，时间银行所获得支持力度不足的客观现实也在一定程度上展现了制度建设过程中对时间银行领域乃至互助养老模式关注度较低的问题。我们通过综合调查研究发现，立足社区开展互助养老服务的时间银行在运营管理与资源获取等方面存在以下不足。

（1）在机构组织架构方面，存在机构管理较为松散、运营机制尚不健全、专职工作人员配备缺额较大等问题。例如：安徽省合肥市包河区望湖街道沁心湖社区爱心银行仅有 2 名管理人员，均为社区全职工作者，尚无完善的组织管理体系；浙江省杭州市小河街道“阳光老人家”，其管理人员均为非专职且非专业的工作者，由街道办工作人员兼任；浙江临海市夕阳红居家养老服务中心志愿时间银行在成立时没有独立的运营资金，没有专职的工作人员且负责相关工作的人员年龄偏大、学历偏低、

---

① 郑雄飞，吴振其. 孝而难养与守望相助：农村空巢老人互助养老问题研究［J］. 内蒙古社会科学，2022（2）：147－154.

② 李沛菡，安邦，吕勇泽，等. 对“时间银行”互助型养老模式的再思考［J］. 新金融，2022（5）：30－36.

③ 陈功. 以时间银行开发利用我国老年人力资本［J］. 人民论坛·学术前沿，2021（24）：61－67.

经验不足，他们对新事物的接受能力较弱，只能作为志愿者参与服务。由此可见，目前中国老年人参与时间银行互助养老服务的意愿仍较低[1][2]。

（2）在管理运作方面，政府主导的时间银行运作以行政规制为主，忽略了志愿服务建设的长效运行机制，与居民日常生活需求之间存在张力[3]。例如，安徽省合肥市蜀山区荷叶地街道浅水湾社区爱心银行随社区办公室一起建立，缺少专项项目支持，也未设立专门的管理人员，仅由社区书记负责，其他社区工作人员辅助开展有关工作。这导致该地的爱心银行逐渐成为政府与公益事业的桥梁和纽带。虽然在运营初期，时间银行能够很快通过嵌入基层社会组织配合社区开展有关为老服务工作，营造良好的志愿服务氛围，激发社区居民的志愿服务积极性，但目前仍缺乏行之有效的长期运营机制，并且该问题主要集中于服务的输入端，因而考虑充分构建有效的志愿者激励机制[4]，也是时间银行运营管理应当注重的内容之一。时间银行机构的运营管理能力与资源能力紧密相关。机构通过强有力的运营管理，才有较大可能推动组织获取更多的公益资源，从而促进其长期发展。

（3）在资源获取方面，在公益资源有限的情况下，时间银行因其运作模式的特殊性，对获得外部支持性资源的需求更加突出。来自国家和政府的资源支持对时间银行发展具有至关重要的作用。北京市幸福时间银行的成立初衷是解决所在社区老年人的养老困难并为社区收集志愿者信息，但政府尚未为该时间银行提供专项资金支持，针对其面临的本土化问题未能提出行之有效的解决方案。四川省成都市朗力养老服务中心虽获得了政府的资金支持，但其运营成本较高且缺乏应急预案和兜底资金的支持。广东省广州市南沙时间银行目前面临的困境是资金和工作队伍力量不足的问题，资金运转速度慢进一步导致了该平台发展速度慢，区域资源不能很好地流通。广东省深圳市龙岗区南湾街道爱心银行由于缺乏优惠性政策的支持，居民加入时间银行缺乏利益驱动，并且一直缺乏专业性强的人才提供专业指导。从现实的角度出发，时间银行提供的服务大多满足的是低成本的养老服务需求，我国社会性互助养老仍处于发展初期，时间银行在资源获取方面仍存在不足[5]，社会资源吸纳能力

① 周建芳，徐钰茹，俞晶晶. 城市老人志愿养老服务参与意愿与行为［J］. 中国老年学杂志，2020，40（22）：4876－4880.

② 谢立黎. 中国城市老年人社区志愿服务参与现状与影响因素研究［J］. 人口与发展，2017，23（1）：55－65.

③ 魏蓓. 上海社区志愿服务中心建设研究［D］. 上海：上海师范大学，2017.

④ 陈嘉琪，陈小嫦. 多源流理论视角下时间银行养老模式广泛实施条件研究［J］. 中国卫生事业管理，2022（3）：235－240.

⑤ 刘妮娜，杜鹏. 中国互助型社会养老的定位及发展方向［J］. 浙江工商大学学报，2022（3）：140－153.

相对较弱，造成实践中管理效率低下、资源调度不到位、后续发展难以维持等一系列问题。

（4）在可持续发展方面，多数时间银行的发展一定程度上依赖于政府资源，长远来看并不利于其自身的可持续发展。例如，江西省南昌市东湖区时间银行总行及其下辖分行在运行初期就受到区领导的高度重视和支持，发展迅速、管理效率高，服务成效良好。但在现有的运作条件下，一旦政府减少支持，它们就会面临倒闭的风险。成都市朗力养老服务中心时间银行的主要资金来源是政府拨款，受新冠疫情影响而面临资金链断裂、项目无法推进的窘境，机构负责人通过公益募捐使时间银行渡过了难关，但这只能解一时的燃眉之急，并非可持续的运营管理方式。目前，我国时间银行正在逐渐走向成熟，自身已然无法维持“单向志愿性”服务输出①，在转向寻求网络互惠服务的同时，开始真正促进时间银行交易模式发生转变。同时，基于时间银行互助养老的特质，也有研究倡导通过完善制度增加其信誉，为时间银行打上“法律补丁”②。因此，我国时间银行的可持续发展仍需自我变革与法规引领共同助力。

四、技术参与缺位，数智化的时间银行仍未完全普及

党的十九大报告指出，要推动互联网、大数据、人工智能和实体经济的深度融合。这为公益与技术相结合的时间银行指明了发展方向。从我国现有时间银行模式的运作实践来看，互联网技术的发展与信息技术的变革，使得部分数字工具已经应用于某些城市的时间银行③。但是，就全国大部分地区的时间银行而言，互联网技术并未有效迭代时间银行的管理运营系统。以存储机制为例，我国大部分城乡地区的时间银行机构储户的服务内容、服务时间、服务水平等信息的记录方式仍较为落后，存在一定的局限④⑤，容易导致时间银行在管理上产生混乱，无法形成全国性统一的规范化管理。

---

① 吴飞. 从单向志愿到网络互惠：“时间银行”可持续发展的现实选择［J］. 理论导刊，2021（12）：89－94.

② 傅丽. 为“时间银行”互助养老打上“法律补丁”［J］. 人民论坛，2020（15）：118－119.

③ 张艳霞，吴佳宝，刘远冬，等. 县乡村三级养老服务网络构建路径研究：基于江苏省的调查［J］. 中国农业大学学报（社会科学版），2022（1）：167－179.

④ 安雅梦，邸腾森，王妍妍，等. 积极老龄化背景下时间银行互助养老研究现状［J］. 护理学杂志，2021，36（11）：94－98.

⑤ 纪春艳.“时间银行”养老模式发展的优势、困境与应对策略［J］. 理论学刊，2020（5）：140－148.

例如，浙江省绍兴市迪荡街道居家养老服务中心时间银行时间币的存兑通过纸质存折的方式实现，每个志愿者在注册成功后，都会有一本“存取一本通”的小册子。每次开展志愿服务前，社会工作者会预先定好志愿活动的时间，服务结束后由社会工作者在小册子上盖章以记录时间币。河南省新乡市五陵村时间银行早期也通过纸质存折的方式记录时间币及服务，但在服务过程中大多缺少跟踪与监督，无法保障服务的完整性和信息互通。山东省济南市历下公益银行在运营初期，技术维护角色与运营角色缺位导致服务受阻，线上数字管理工具（小程序、APP、网站等）在一段时间内都未正式投入使用，对服务时长未进行规范登记，直到线上平台正式运行后才进行了智能化、数字化统计管理。研究团队根据调研发现，大多数时间银行的负责人表示，对全国范围内通用的、成熟的信息化时间银行平台抱以期待，并且考虑将其应用到日常的时间银行存储工作中，以提高志愿服务记录的效率。实际上，我国目前已有相关的时间银行线上平台，但是时间银行服务的地域差异、实践层面的推广不足、理论研究相对滞后等造成时间银行数字工具的应用与普及仍有较长的路途。

一些研究从区块链角度论述了数字工具赋能时间银行的可行性，同时也从社会交换论的角度阐明了时间银行在我国信任度低、信息管理技术不完善等现实问题①。这也致使以社会交换为基础的区块链缺乏实践的可能性。由此可见，时间银行虽然能够通过建立一种去中心化的多边互助平台②，但其本身所蕴含的社会资本、社会力量仍无法撑起数字工具的赋能。由此可见，我国时间银行在发展过程中存在技术参与缺位、数字工具未能有效普及的问题。这给我们的启示是，我国时间银行在承担互助养老重任的过程中，也应注重互惠社会网络的重构③，促使信息技术切实推动时间银行乃至互助养老模式的发展。

综上所述，我们认为时间银行相关从业者尚无法有效运用移动互联网、大数据与人工智能等技术完善平台运营框架，进而迟滞了时间银行整体运行的信息化、数字化、智能化和网络化。此外，我们认为时间银行的广泛应用，能够推动中国互助养老的快速发展，满足广大群众的基本养老服务需求，为解决中国乃至世界养老难题贡献方案。

---

① 郭剑平，王彩玲，黄健元. 社会交换视角下区块链赋能养老服务时间银行发展研究［J］. 中州学刊，2021（12）：62－67.

② 王焕，魏培晔. 时间银行能否带来可持续志愿参与?：基于一项混合研究［J］. 中国行政管理，2021（10）：115－122.

③ 张维维. 社会企业与社区邻里关系的重建：以四个社会企业为例［J］. 浙江社会科学，2020（4）：64－78.

第六章　我国时间银行发展对策及前景

时间银行作为互助养老的创新举措、社会治理的重要抓手，在积极应对老龄化和促进社会融合方面具有突出优势。随着时间银行在各地的蓬勃发展，其运营状况和发展前景备受关注。在实践层面，当前中国时间银行仍存在功能定位不清晰、核心制度不完善、资源管理不到位、数字应用不广泛等问题。本章基于实地调研资料分析和案例研究，有针对性地提出明确功能定位、完善法律法规、规范运行机制、探索通存通兑模式、加强技术运用等发展对策，以期推动我国时间银行的健康发展。

一、打通资源壁垒，探索全国性时间银行联盟

自时间银行被引入中国以来，我国各地时间银行的为老服务实践从个别城市单个社区探索起步，服务形态以单向志愿为主，经常面临时间货币只存不兑、流通范围狭窄和志愿服务接力失灵等问题，由此出现时间银行规模化发展和平稳运营受阻的难题[①]。随着我国人口老龄化程度的加剧，时间银行成为全国社区居家养老服务改革试点项目，南京、上海、北京等地探索时间银行市级统筹，实现跨区域通存通兑、建立全国性时间银行联盟的现实需求也愈加迫切。我们认为，“通存通兑”是时间银行构建社会互助网络的必然要求，而全国性时间银行联盟则是时间银行发展的最终形态，这两个发展方向是我国时间银行可持续发展的现实选择，有助于发挥时间银行作为志愿与公益手段第三次分配的功能。

提高时间银行统筹层级，实现时间币跨地区通存通兑。目前我国时间银行的管理层级多是社区与街道级别的，提高统筹层级就需要在现有基础上将统筹层级上升到县区级甚至是市级。高层级的行政主体可以考虑在民政部门增加管理时间银行的

① 吴飞. 从单向志愿到网络互惠：“时间银行”可持续发展的现实选择［J］. 理论导刊，2021（12）：89－94.

专项职能，统一管理辖域内的低层级时间银行组织，并且负责资源的调配①。实现时间币通存通兑的另一关键点在于时间货币的标准化，即对时间银行体系内“等时”“等值”的界定。目前，我国时间银行通兑标准不统一，适用范围有限，极大限制了时间银行规模化发展和社会功能的发挥。近几年来，南京、上海、青岛、北京等城市陆续出台时间银行专项政策文件，提出了“政府主导、通存通兑、权威统一”的指导方向，明确了本市范围内时间银行的管理制度、服务标准。② 未来，我国可借鉴英国、美国等国家的经验，探索建立全国性时间银行总行，统筹各类标准和制度，各地在坚持总行基本规章制度的前提下成立分行，根据地方需求进行实践创新。我国时间银行只有不断从基层往上一级进行统筹，从街道社区到县市，再到省乃至在全国范围内均建立通兑标准，才能在更广泛的区域内实现时间币存蓄支取的联通，解决因人口流动迁移所带来的后顾之忧，构建互助互联互通的志愿服务网络。

政府、企业和其他社会力量协同参与，建立全国性时间银行的联盟组织。国内外的实践表明，时间银行的主导者不同，存在多种模式，但统一的平台有助于整合政府、市场、社区和社会组织等方面的力量，集中利用零散的人力物力资源，有助于构建大规模、可持续的社会互助网络，形成良好的治理效能。③ 中银公益互助养老平台是多元主体协同参与的典型代表，该时间银行项目由中国银行与上海等地方政府发起，与全国近 80 家各级民政系统、企业、养老院合作，参与人数超过 21 万人。未来我国时间银行的发展应提倡多元主体参与。在资源配置方面，有关部委可以作为全国性时间银行联盟的监督方和行政资源提供方，企业作为公益资源提供方，社会力量作为时间银行的实体运营方，协力做好时间银行联盟的工作。在价值取向和信用保证方面，由中央部委管理的公益基金会可作为时间银行联盟的牵头单位，以中国银行等央企和地方国企为主，吸收社会组织、企业等优质社会资源，作为资源供给、参与运营服务和技术保障的主要力量，统一管理、指导各地区及各层级的时间银行机构发展，促进各主体之间的互惠合作、资源共享。

---

① 许加明.“时间银行”模式应用于居家养老互助服务的思考［J］. 社会工作，2015（1）：74－80.

② 市政府办公厅关于印发南京市养老服务时间银行实施方案（试行）的通知［EB/OL］.（2019－7－17）［2019－07－17］. http：//mzj. nanjing. gov. cn/njsmzj/njsmzj/201908/t20190819_ 1629314. html.

③ 曹海军，闫晓玲. 跨部门协作效能的影响因素及优化路径：基于 11 个时间银行案例的模糊集定性比较分析［J］. 治理现代化研究，2021（6）：67－75.

二、明确功能定位，加强价值理念的宣传引导

当前我国时间银行存在功能定位模糊的不足，实践中人们对其服务对象、应用场景和本土化适应等方面的认识存在分歧。我们认为应从以下三个方面出发，明确时间银行未来的功能定位，加强价值理念的建设和宣传工作。

（一）扩充时间银行参与人群，扩大志愿者、服务对象覆盖范围，提升时间银行的社会影响力

时间银行要从“初老照护、老老照护”走向“全人群参与”。当前，我国时间银行服务对象以弱势老年人为主，未来可借鉴发达国家时间银行的发展经验，遵循“先特殊后一般”的原则，从弱势老年人群扩展到全体老年居民乃至社区居民，逐步嵌入社区治理格局①②。在志愿者队伍建设上，可以通过不断完善社区志愿活动效益评价机制、志愿者利益保障机制、受益者志愿服务补偿机制等来鼓励社区居民和其他人员加入志愿者队伍，将青年志愿者作为社区志愿服务的主力军③。鉴于我国未来人口老龄化和高龄化趋势，以及时间银行的劳务储蓄机制，我们可以考虑在青少年人群中带有一定强制性地推广和应用时间银行项目④。老年人社区服务实行鼓励自愿参与的原则，在成年人中规定社区服务义务工作时间作为社会工作考核标准，在青少年教育中加入劳动储蓄的内容，把青少年参与力所能及的社区服务活动作为德育考核指标，制定考核内容和标准⑤。在具体操作中，有关方面要注重青少年群体尤其是高等院校学生群体的参与，将参与时间银行的志愿服务活动与高校思政课程或者课外实践相结合，促进社会的代际融合，让高校学生通过制度化的途径认识并参与到时间银行的服务实践中⑥。此外，可以学习国外时间银行的实践经验，尝试与部分企业合作，招募其员工注册成为时间银行成员，实现盈利企业和时间银行的劳力共享。

---

① 王玥，毛佳欣.“时间银行”互助养老模式实现路径：以“五社联动”社区创新治理为背景［J］.北京航空航天大学学报（社会科学版），2022，35（2）：75－83.

② 陈功，王笑寒.我国“时间银行”互助养老模式运行中的问题及对策研究［J］.理论学刊，2020（6）：132－140.

③ 夏辛萍.时间银行：城市社区养老服务的新模式［J］.中国老年学杂志，2014（10）：2905－2907.

④ 穆光宗.建立代际互助体系，走出传统养老困境［J］.市场与人口分析，1999（6）：33－35.

⑤ 陈功，杜鹏，陈谊.关于养老“时间储蓄”的问题与思考［J］.人口与经济，2001（6）：67－73.

⑥ 陈功，黄国桂.时间银行的本土化发展、实践与创新：兼论积极应对中国人口老龄化之新思路［J］.北京大学学报（哲学社会科学版），2017（6）：111－120.

（二）明确时间银行的应用场景，积极推动其嵌入社会治理新格局

时间银行在我国常被视作互助养老和志愿服务的创新模式，但在实践中逐渐显现出社会治理的功能①。以互助养老为目标的时间银行往往面临“只存不取”的现象，其中重要的原因是可“取”的资源太少，即使想兑换存入的时间货币，也无法找到能够符合自己需求的服务，因此有必要明确时间银行的业务类型与应用场景，从最初的用于互助养老逐渐过渡到用在社区照护、垃圾分类、环境保护、志愿服务、培训教育、法律帮助等社会生活领域，进而融合到整个社会治理体系中，成为公益资源的配置工具。就时间银行发展的现阶段而言，我们可以整合公益资源，以党建动员、引领社会的形式实现互惠理念的传递，以政府购买、市场供给、社会参与的形式实现资源供给的多元化，使兑换内容多样化、应用场景丰富化，从而发挥时间银行的社会治理功能，最终实现社区共同体的创建，为社会治理的发展注入新活力。

（三）结合传统文化，传递互惠价值，有效加深社会大众对时间银行的理解

时间银行可以被看作对我国传统文化中邻里关系的扩大化与制度化。我们可以考虑结合传统文化中的互助思想解释时间银行，如通过儒家义利观、墨家的兼爱观及诸如人情往来等文化现象的类比，使大众摆脱对时间银行舶来品的印象，加深社会公众对时间银行的理解②。一方面，以孝道观念、互助观念为时间银行注入精神内涵，以互助习惯、慈善传统为时间银行提供本土化土壤③。另一方面，时间银行是以劳动成果延期支付的形式将人们的友善互助行为功利化，这与我国传统文化中强调的做好事不求回报、默默奉献的志愿者精神存在一些差异④，因此也要注意时间银行的非货币性，强调功能、定位和志愿回馈的基本逻辑。在对时间银行实践的具体宣传引导方面，政府可以引导主流媒体对时间银行进行广泛持久的正面宣传，还可以将时间银行存储时间长度作为评选标准，对“社区优秀储户”、高校时间银行优秀志愿者、中国年度志愿者等评选工作进行宣传，充分展现中国特色时间银行体制的优点和实践效果。在有效宣传和引导的基础上，社会公众将不断加深对时间银行的认同，积极参与时间银行实践，从而推动时间银行的可持续发展。

---

① 陈功，索浩宇，张承蒙. 共建共治共享的社会治理格局创新：时间银行的可行路径分析［J］. 人口与发展，2021（1）：16－24.

② 陈功，黄国桂. 时间银行的本土化发展、实践与创新：兼论积极应对中国人口老龄化之新思路［J］. 北京大学学报（哲学社会科学版），2017（6）：111－120.

③ 黎赵，张桂凤. “时间银行”嵌入西部农村互助养老的本土化建构：兼与时间银行圆桌论坛的商榷［J］. 云南行政学院学报，2021，23（1）：67－77.

④ 夏辛萍. 中国互助养老“时间银行”本土化发展历程及经验反思［J］. 中国老年学杂志，2017，37（22）：5723－5725.

三、完善法律政策，以政策助力时间银行的发展

我国时间银行的本土化进程缺乏宏观上的法律指引和政策支持。现有法规政策体系未对时间银行进行明确定位，人们对时间银行的组织合法性依旧存疑，运行构成存在较大风险。当前时间银行均由各地方进行试点探索，机构与机构之间相互独立，具体的运营模式、管理制度均不一致，制约着时间银行的可持续发展。因此，有必要完善相关的法律法规，健全公共政策体系，以提升公众对时间银行的信任，防范运营风险，保障时间银行的顺利发展。

（一）推动时间银行立法，赋予时间银行合法性

我们要完善时间银行的立法建设。第一步是国家必须重视对时间银行的立法保护，参考国外较完善的时间银行法律框架构，建立全国性的法律框架；第二步是组织法律专家学者对框架性的立法进行细化；第三步是各地结合实际情况制定具体的法律法规①。合法是主体行使权利与履行义务的基础，时间银行在实践过程中主要涉及三方主体——银行组织、服务提供者、服务接受者②。政府应该发挥主导作用，对时间银行组织的合法性与职责、模式运行机制与管理体制、服务提供者与服务接受者的权利义务做出顶层设计③。例如，在参与者权益保护方面，立法须对时间银行互助养老活动中发生的安全事故的处理和责任认定进行说明④，将时间银行参与者纳入志愿者保险、民事权益等相关法律条款的保护范畴⑤，制定出为时间银行服务者提供保护的专门性法规。

（二）创新时间银行发展政策扶持，完善运行配套措施

国外时间银行互助养老模式的建立，基本上都是通过国家制定相关的支持政策和法规予以保障。基于政策文本的政府行政主导，可以为时间银行的发展带来宝贵的资源，并且以政府的公信力作为时间银行模式的信任基石，能够提升公众对时间银行的认可度和参与度。以南京为例，2019 年《南京市养老服务时间银行实施方案

---

① 田保宁. 中国社区时间银行的管理与服务研究［D］. 济南：山东大学，2018.

② 侯丽琴. “时间银行” 模式下互助养老服务合同法律关系研究［D］. 天津：天津商业大学，2014.

③ 许聪，吴飞. 时间银行：互助养老服务模式的可持续性选择［J］. 南京工程学院学报（社会科学版），2018（2）：12－16.

④ 蔡婷婷，曹梅娟. 国内外时间银行下的互助养老模式研究现状［J］. 护理学杂志，2016（10）：111－112.

⑤ 邓志锋. 关于我国助老服务时间银行建设的思考［J］. 南京人口管理干部学院学报，2012（4）：17－21，43.

(试行)》发布，全市247个社区开启时间银行试点项目，并且于次年在全市范围内启动时间银行养老模式。2021年年初，南京时间银行服务点即超过1 200个，志愿者超过45 000名[①]。因此，政府应在发挥基本职能的基础上，加大对时间银行的扶持力度，优化政策环境；健全政府购买服务机制，激发时间银行承接政府购买服务的意愿并增强其服务能力；积极培育市场和社会力量，激发各方面参与时间银行互助养老模式，促进多元主体共同提供志愿者服务[②]。

四、规范运行机制，推动时间银行标准化发展

我国时间银行亟须规范发展，既有的时间银行依托政府、市场、社区自治组织、社会组织等而建立，形态各异、标准悬殊、运作模式千差万别，若无明确的政策引导和规范化管理，则会导致时间银行不可持续、无序发展[③]。我们认为，未来我国时间银行可从以下五个方面规范运行机制，制定标准化、规范化运行规则。

（一）提高风险控制能力

国内时间银行互助养老以社区中高龄和病残老年人为主要服务对象，发生安全事故的风险较高，志愿服务过程中也可能产生矛盾和法律纠纷。完善风险防范机制，是保障参与者权益、推动时间银行可持续发展的现实要求。未来时间银行应注重以下机制建设，提升风险控制能力。

健全参与者资格审核和安全教育机制。时间银行的运行，应充分利用社会征信系统和社区关系网络对时间银行的参与者进行专门的资格审核，在对双方身份的审核环节严格把关，审核无误后才能发放“志愿通行证”，绝不能为损害用户生命安全和财产利益的行为留有一丝空间[④]。对参与者加强安全教育，在志愿服务开始前须进行必要的安全知识培训，定期开展志愿者法律道德培训和急救技能培训，强化参与人员的风险防范意识[⑤]。

加强监管，做好保险配置和法律援助工作。时间银行的志愿者可能面临的风险包括在从事志愿服务过程中自身可能遭受的损失和在从事志愿服务活动过程中可能

---

① 杜偲偲，黄颖. 南京时间银行养老模式发展现状与提升策略［J］. 商业经济，2021（12）：26－27，174.

② 邢召鑫. 城市社区居家养老服务合作供给方式研究［D］. 贵阳：贵州大学，2016.

③ 陈功，索浩宇，张承蒙. 共建共治共享的社会治理格局创新：时间银行的可行路径分析［J］. 人口与发展，2021（1）：16－24.

④ “时间银行”虽好，也须防安全风险［N］. 中国青年报，2019－11－21.

⑤ 朱正上.“时间银行”模式下的社区志愿者管理研究［D］. 苏州：苏州大学，2017.

给他人造成的损失。在完善立法的基础上，有关部门应加强对时间银行的监管，畅通意见反馈机制；时间银行须保障参与者的权益，为志愿者和被服务对象链接现有的志愿者保障资源，购买志愿者保险和人身意外保险；有关社会组织可积极参与志愿服务过程中的纠纷调解、法律援助。

（二）统筹时间币通兑标准

当前我国时间银行还处于实践、探索阶段，“时间货币”的计量较为粗放，缺乏规范、精确的计量标准，区域流通性差，常常导致时间银行难以规模化发展，进而降低了参与者的积极性。未来我国应在全国范围内逐步推行统一、固定、符号化的时间货币形式，使得时间币可以在全国范围内进行交换、流通，发挥养老服务中介、价值标准乃至财富贮藏的手段和功能①。

出台时间货币标准化计量、兑换的方式细则，有关方面应充分考虑各类服务活动的劳动强度等要素，做到计量精确、兑换合理、动态调整②。时间银行不以市场对劳动的价值作为衡量标准，但仍需考虑单位实践的劳动强度、技术含量、服务质量、机会成本等因素；划分服务的难度系数，对具有不同难度系数的养老服务提供区别定价。对于服务难度系数的设定，我们在把握时间货币与时间挂钩的基础上，可从专业与难度两个方面考虑，赋予养老服务目录动态调整功能③。

（三）完善志愿回馈机制

激励机制是志愿服务管理中的重要内容之一，时间银行的有偿激励机制可以使志愿者有较强的参与感和获得感，进而持续地参与志愿服务活动④。2021 年 3 月 1 日，修订后的《北京市志愿服务促进条例》正式施行，其中特别加强了志愿者激励与保障措施，补充完善了激励保障的内容，包括奖励、补贴、时间储蓄、社区回馈，以及为志愿者购买保险等。我国时间银行的规范发展，应当顺应志愿服务的总体趋势，完善基于社区的志愿回馈机制。在实际运作时，有关时间银行可以根据服务评估结果对志愿者的服务划分层级，按照每个层级制定相应的激励措施，激励可包括精神激励与物质激励两个方面⑤。老年人有不同的需求层次，可以整合社区内外各种

---

① 李志宏. 充分预估风险稳妥推进“时间银行”可持续发展［J］. 中国社会工作，2021（11）：20－22.

② 陈际华. “时间银行”互助养老模式发展难点及应对策略：基于积极老龄化的理论视角［J］. 江苏社会科学，2020（1）：68－74.

③ 陶士贵，张瑛. “时间银行”互助养老的机理与路径：基于时间货币视角［J］. 新视野，2022（2）：81－87.

④ 张亚坤，刘芳. 社区时间银行模式志愿服务意愿影响因素研究［J］经济研究导刊，2022（18）：72－75.

⑤ 赵思凡. “时间银行”引入互助养老服务的实现路径研究［D］. 西安：西北大学，2017.

资源，如将互助养老时间银行与机构养老服务结合，将机构服务纳入互助养老时间银行支取范围，对有时间储蓄的特殊群体，经评估确认后，可从福利机构中支取时间，以替代服务收费等[①]。

（四）建立信用担保机制

为了保障时间银行的公信力，我们需要建立担保机制。一方面，政府等主体须做好信用托底保障，在项目启动时设立托底性担保资金，在试点区时间银行项目不能运转、无法向服务提供者兑换存储的服务时，由该担保资金向市场购买同类服务，确保服务提供者的兑换需求得到满足。另一方面，政府应充分发挥地方社区和社会组织的力量。我国老年人目前的养老方式仍然以居家养老为主，国家提倡以家庭为核心、以社区为依托的养老模式，要求发挥基层社会治理单位在养老保障体系中的作用。因此，我们可以考虑建立时间银行社会组织、社区和社会工作的"三社联动"机制，为时间银行活动的开展提供担保[②]，具体包括：时间银行组织负责对参与时间银行的人员进行登记，完成服务活动后的星级评定和权益兑付工作；社区工作人员负责对需要帮助的人进行审核及在时间银行平台上对服务的信息，如服务需求、志愿者的服务时间及内容等进行登记；社会工作人员负责对参与提供服务的人员进行培训指导；服务人员的安排与协调由时间银行组织和社会工作人员共同负责等。

（五）探索服务评估体系

目前，我国时间银行在对志愿者提供的服务进行评估方面并没有统一标准，难以提升服务的专业化水平，所以必须建立科学合理的评估体系。有学者认为，可以考虑从服务时间和服务质量两个维度对其所提供的服务进行评估[③]，以协调参与时间银行志愿者的付出与回报相符，从而实现供求平衡，发挥其监督的功能，更好地保障公平。该评估体系应由社区工作者或专业社会工作机构在结合当地实际情况，进一步细化社区服务内容或项目的基础上，制定服务满意度的评判标准，在促进储户提供力所能及的服务的同时，满足不同群体、不同层次的服务需求[④]。

在制定评估体系的基础上，时间银行可以对参与者进行分配，以更好地匹配志愿服务的供给和需求。例如，将提供志愿服务的人员分为两大类，一类是以低龄老年人为主体，另一类则是以为自己或者家里老年人积累服务的非老年人为主体，如

---

① 夏辛萍. 时间银行：城市社区养老服务的新模式［J］. 中国老年学杂志，2014（10）：2905－2907.

② 王永梅，王一笑. 我国时间储蓄助老服务的实践与制度探索［J］. 社会建设，2017（1）：42－48.

③ 赵思凡."时间银行"引入互助养老服务的实现路径研究［D］. 西安：西北大学，2017.

④ 夏辛萍. 中国互助养老"时间银行"本土化发展历程及经验反思［J］. 中国老年学杂志，2017（22）：5723－5725.

图6-1所示①。为了方便管理，我们还可以优化志愿者参与服务的形式，灵活创建时间银行储蓄账户。社区工作者可以在对社区了解、调查的基础上，在一定的区域内或条件许可的情况下设立家庭联合账户或者学校班级账户，让更多的人为社区内有需要的老年人做力所能及的事②。

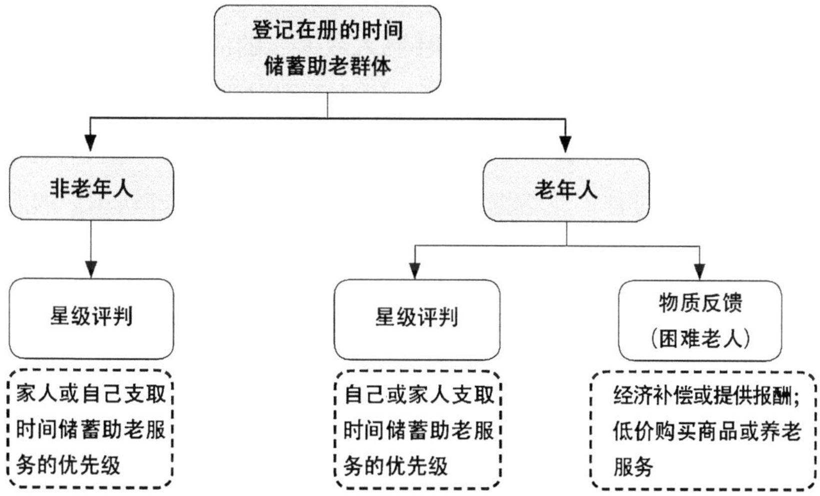

图6-1　时间银行助老主体的分类评判标准

五、加强技术运用，提高公益资源的配置效率

数字化公益是信息时代公益发展的新趋势，近年来已经得到人们越来越多的关注和认可。当公益组织的服务对象量级跃升时，传统的人力调配就显得捉襟见肘了，而数字化手段成为必然选择。我们想要发挥时间银行在公益资源配置中的功能，就必须充分认识并利用技术的公益生产力，将最新的信息技术融入时间银行运营的各个环节中。研究团队较早关注到了公益技术与时间银行结合的可能性，以区块链技术为例，可以让时间银行的运作更有效率，基于区块链技术，可以将时间银行建构为一个公开、透明的志愿服务和公益资源配置平台③。

数字化公益已经渗透到社会治理、民生建设等方方面面，为公益组织提升自我

① 王永梅，王一笑. 我国时间储蓄助老服务的实践与制度探索［J］. 社会建设，2017（1）：42-48.

② 黄少宽. 我国“时间储蓄”养老服务模式的研究进展［J］. 社会保障研究，2014（6）：104-111.

③ ZHANG C M, YU W Q, SUO H Y, et al. Blockchain in the “time bank”: Toward a community-oriented public interest technology［J］. IEEE Transactions on Technology and Society, 2021, 2（2）：98-102.

造血能力、实现可持续发展提供平台助力。以区块链、大数据为代表的前沿信息技术，可以在需求识别、供需匹配、时间价值评定等方面做到高效和透明，将极大促进时间银行的发展。但在传统语境中，公益组织与数字化之间存在着“两难壁垒”，公益组织难以把自身需求转化成技术语言，技术开发者对公益行业不了解，因此公益组织的数字化进程缓慢。时间银行在运行的过程中，可以从以下领域加强对技术的运用：

（1）服务需求识别环节，强化“区块链+大数据”的应用。在时间银行进一步发展的过程中，其服务对象必然涵盖全人群，因此需要基于区块链和大数据技术，建立起跨平台的、全国统一的时间银行需求数据库，使服务需求的发布完全透明化、确定化。一方面，结合过往需求数据、同类人群需求数据等，确认用户的服务内容及可能衍生的服务；另一方面，识别个别用户需求的跨平台（不同时间银行系统）发布，解决信息孤岛和资源冗余问题。

（2）供需匹配环节，以“区块链”技术进行志愿服务管理。区块链记录着所有用户的公益数据和时间币信息。当用户需要通过时间币兑换相应服务时，交易可根据智能合约的规则来执行而无需中间人，同时交易数据也会被记录。借助区块链，时间银行的运营人员可以摆脱传统的人工匹配，将更多的精力放在服务质量的提升上。时间银行可以由传统的服务统筹机构变为更纯粹的枢纽型中介机构，其他类型的公益机构同样可以参与到这个基于区块链的供需匹配系统中，扮演组织志愿者开展活动、验证时间银行积分的角色。

（3）以大数据技术助力时间价值评定与时间积分管理。时间银行中关于服务价值的评定，在过去有较多的讨论，主要围绕“不同类型的服务活动是否具有相同的价值”“不同类型活动的不同服务时间是否应当区别记录”等议题，而大数据可以在一定程度上减少此类争议。大数据给了志愿者和被服务对象同等的参与机会，因此可以通过海量服务匹配和服务活动后的用户参与数据，结合服务发生时所在社区的服务供求均衡情况，较为公正地实现时间价值的评判和积分管理。

高效的信息管理平台在时间银行的发展中起重要作用，我们可以借鉴国外的经验，结合我国的实情运用大数据、“互联网+”等网络信息技术开发出本土化的时间银行信息管理平台。通过该平台实现对个人账户的管理，账户中记载内容应该包括志愿者的基本个人信息、能够提供服务的空余时间、所掌握的知识技能、每个志愿者个人的时间银行管理系统等①。电子信息化管理可以有效规避人为操作造成的漏洞

① 黄少宽. 我国“时间储蓄”养老服务模式的研究进展［J］. 社会保障研究，2014（6）：104－111.

和弊端，也更加便于录入服务时长、时间币存取等信息，提高时间银行的公信力。在前期探索中，中国银行着眼于老龄化社会的养老需求，积极响应国家号召，赋能金融科技，运用区块链技术，率先探索建设了社会公益互助养老平台——中银公益互助养老平台，旨在鼓励更多的年轻人投身于养老志愿服务中，打造公益志愿性质的互助养老新模式。在中国银行的努力下，这一平台已经覆盖到全国 20 多个省级行政区，若覆盖区域全部由这一时间银行平台提供互助养老服务，则可以惠及全国三分之二的老年人。

以大数据技术建立信息管理平台，结合社区的数字化、信息化建设，开发与实物体系相应的区域时间银行管理信息系统，在该信息管理平台的基础上加强社区与社区、社区与区域之间的沟通和合作，合理分配和整合不同区域的公益资源，甚至实现社区间的影响力投资。区块链和大数据等信息技术利用基于分布式技术和共识算法重新构造出的信任机制，与时间银行所追求的核心价值理念具有内在一致性。随着时间银行的本土化发展，此类信息技术得到广泛运用，不仅能够提升时间银行的运行效率，还能够促进社会公众的参与，在一定程度上解决了公益信任的问题。

附录　时间银行案例基本信息

序号	机构名称	机构地址	管理归属	成立时间
1	安徽省合肥市经开区锦绣社区爱心银行方兴居委会	安徽省合肥市蜀山区经开区莲花路锦绣社区	政府	2010年
2	江苏省南京市养老服务时间银行	江苏省南京市玄武区后宰门东村88号	政府	2012年
3	湖南省长沙市长沙县星沙街道望仙桥社区时间银行	湖南省长沙市长沙县星沙街道望仙桥社区	政府	2012年
4	广东省广州市南沙时间银行运营中心	广东省广州市南沙区环市大道13号中	政府	2013年
5	河南省开封市油坊社区时间银行	河南省开封市鼓楼区西司门街道/镇弓箭西街16号	政府	2013年
6	江苏省南京市秦淮区大光路街道大阳沟社区志愿时间银行	江苏省南京市秦淮区大光路街道大阳沟社区	政府	2014年
7	湖北省武汉市江岸区百步亭社区志愿者服务中心时间银行	湖北省武汉市江岸区百步亭社区党员群众服务中心	政府	2014年
8	北京市帮帮银行	北京市门头沟区龙门三区B九北区15号楼	政府	2016年
9	上海市闵行区康城社区时间银行	上海市闵行区莘庄镇康城社区两委一中心	政府	2016年
10	天津市西青区张家窝镇家兴里社区时间银行	天津市西青区张家窝知景道与菊芳路交口	政府	2016年
11	上海市静安区共和新路街道共和新e家	上海市静安区共和新路街道平型关路487号	政府	2017年

续 表

序号	机构名称	机构地址	管理归属	成立时间
12	湖北省武汉市武昌区首义路街道长湖社区时间银行	湖北省武汉市首义街道	政府	2017年
13	山东省济南市历下公益银行	山东省济南市历下区黑虎泉北路187－7号历下创益园	政府	2017年
14	江西省南昌市东湖区居家养老志愿服务时间银行	江西省南昌市东湖区叠山路136号	政府	2017年
15	江西省南昌市东湖区百花洲街道小金台社区时间银行	江西省南昌市东湖区百花洲街道	政府	2017年
16	陕西省榆林市府谷县富昌路便民服务中心爱心银行	陕西省榆林市富昌路	政府	2017年
17	上海市虹口区时间银行（试点）	上海市虹口区民政局	政府	2018年
18	广东省惠州市仲恺高新区陈江街道曙光社区时间银行	广东省惠州市仲恺高新区陈江街道东星路97号	政府	2018年
19	江苏省苏州市葑门片区双塔街道杨枝社区时间超市平台	江苏省苏州市双塔街道/镇	政府	2018年
20	福建省福州市晋安区茶园街道爱心志愿者扶老时间储蓄中心	福建省福州市晋安区茶园街道	政府	2018年
21	山东省青岛市电子时间银行	山东省青岛市福州南路8号	政府	2018年
22	广西壮族自治区南宁市青秀区新竹社区时间银行	广西壮族自治区南宁市民族大道38－18新竹小区	政府	2018年
23	上海市杨浦区养老服务时间银行	上海市杨浦区惠民路800号	政府	2019年
24	浙江省杭州市滨有你时间银行晶都社区试点基地	浙江省滨江区平达弄120号	政府	2019年
25	山东省枣庄市台儿庄区时间银行	山东省枣庄市台儿庄区民政局	政府	2019年

续　表

序号	机构名称	机构地址	管理归属	成立时间
26	江苏省张家港市养老服务时间银行	江苏省苏州市张家港市	政府	2020 年
27	云南省昆明市官渡区善润养老服务发展中心	云南省昆明市官渡区石虎关社区融城春晓 10 栋	政府	2020 年
28	四川省成都市朗力养老服务中心	成都市锦江区毕昇路汇融国际广场 C 座 16 楼	社会组织	2013 年
29	北京市一刻公益社区发展服务中心	北京市朝阳区十里堡甲三号院 2 号楼一层	社会组织	2014 年
30	湖北省武汉市芳邻时间银行	湖北省武汉市东亭社区（黄鹂路 25 号）	社会组织	2015 年
31	河南省新乡市凤泉区五陵村五陵时间银行	河南省新乡市凤泉区潞王坟乡五陵村	社会组织	2015 年
32	上海市嘉定区南翔镇社区卫生服务中心	上海市南翔镇民主街 97 号	社会组织	2016 年
33	上海市虹口区慈爱公益基金时间银行	上海市黄浦区方浜中路 249 号	社会组织	2016 年
34	浙江省金华市婺城区彩虹公益服务中心社工时间银行	浙江省金华市婺城区通园路 279 号	社会组织	2016 年
35	河南省安阳市甜水井街道安阳惠民银行	河南省安阳市甜水井街道后仓街社区惠民社会工作服务中心	社会组织	2017 年
36	河南省南阳市益博社会工作服务中心时间银行	河南省南阳市解放路孙家楼二号院	社会组织	2017 年
37	北京市幸福时间银行	北京市门头沟区城子街道新龙门三区 B9－15 号	社会组织	2018 年
38	福建省厦门市迦南地安养中心时间银行	福建省厦门市同安区汀溪街 569 号	社会组织	2018 年
39	广东省深圳市华海幸福时间银行	广东省深圳市盐田街道	社会组织	2019 年
40	浙江省临海市夕阳红居家养老服务中心志愿时间银行	浙江省临海市大洋西路 26 号	企业	2014 年

续 表

序号	机构名称	机构地址	管理归属	成立时间
41	浙江省杭州市绿康时间银行	浙江省杭州市滨江区天马路阳光家园养老院	企业	2017 年
42	河北省石家庄市普爱长者照护中心普爱时间银行	河北省石家庄市振头街道	企业	2017 年
43	浙江省杭州市小河街道阳光老人家	浙江省杭州市拱墅区和新南苑 2 号楼	企业	2018 年
44	浙江省绍兴市迪荡街道居家养老服务中心时间银行	浙江省绍兴市迪荡街道	企业	2019 年
45	辽宁省营口市望儿山时间银行	辽宁省营口市望儿山	企业	2019 年
46	江西省南昌市绿康时间银行	江西省南昌市青山湖区京东镇月坊村	企业	2019 年
47	安徽省合肥市包河区望湖街道沁心湖社区爱心银行	望湖街道沁心湖社区（月桂苑会所内）	其他	2011 年
48	江苏省南京市姚坊门居家养老服务中心	江苏省南京市栖霞区尧顺佳园 1 期 20 栋一楼	其他	2014 年
49	江苏省南京市建邺区福惠时间银行	江苏省南京市建邺区兴隆街道	其他	2014 年
50	广东省深圳市龙岗区南湾街道爱心银行志愿联合会	广东省深圳市南湾街道	其他	2015 年
51	湖北省武汉市武昌区首义路街道首义美好时间银行	湖北省武汉市首义街道	其他	2017 年
52	安徽省合肥市蜀山区荷叶地街道浅水湾社区爱心银行	合肥市金寨路与潜山路交口琥珀五环城和雅阁一幢一楼	其他	2017 年
53	广东省惠州市仲恺高新区陈江街道甲子社区时间银行	广东省惠州市仲恺高新区陈江大道南风华丽都	其他	2018 年
54	宁夏回族自治区银川市丰收社区时间银行	宁夏回族自治区银川市兴庆区湖滨花园 17 号楼	其他	2018 年

参 考 文 献

ES CAHN. No more throw-away people：the co-production imperative [M]. Essential Books，2000.

CAHN E. Time banking：An idea whose time has come [J]. Yes Magazine，2011.

COLLOM E. Engagement of the elderly in time banking：The potential for social capital generation in an aging society [J]. Journal of Aging & Social Policy，2008，20 (4)：414-436.

COLLOM E，LASKER J N. Equal time，equal value：community currencies and time banking in the US [M]. Routledge，2016.

BIRD S，BOYLE D. Give and Take：How timebanking is transforming healthcare [M]. Timebanking UK，2014.

FEDER J，HOWARD J，SCANLAN W. Helping oneself by helping others：Evaluation of a service credit banking demonstration [J]. Journal of Aging & Social Policy，1993，4 (3/4)：111-138.

MARKS M B. Time banking service exchange systems：A review of the research and policy and practice implications in support of youth in transition [J]. Children and Youth Services Review，2012，34 (7)：1230-1236.

GILL S. Harnessing the potential of the social economy? Time banks and UK public policy [J]. International Journal of Sociology and Social Policy，2006，26 (9/10)：430-443.

ZHANG C M，YU W Q，SUO H Y，et al. Blockchain in the "time bank"：Toward a community-oriented public interest technology [J]. IEEE Transactions on Technology and Society，2021，2 (2)：98-102.

蔡婷婷，曹梅娟. 国内外时间银行下的互助养老模式研究现状 [J]. 护理学杂志，2016，31 (10)：111-113.

曹海军，闫晓玲. 跨部门协作效能的影响因素及优化路径：基于 11 个时间银行案例的模糊集定性比较分析 [J]. 治理现代化研究，2021，37 (6)：67-75.

陈功，杜鹏，陈谊. 关于养老"时间储蓄"的问题与思考 [J]. 人口与经济，2001 (6)：67-73.

陈功，何丽平. "把老有所为同老有所养结合起来"：关于时间银行互助养老模式的新思考 [N]. 中国人口报，2021-12-09 (3).

陈功，黄国桂. 时间银行的本土化发展、实践与创新：兼论积极应对中国人口老龄化之新思路 [J]. 北京大学学报（哲学社会科学版），2017，54 (6)：111-120.

陈功，索浩宇，张承蒙. 共建共治共享的社会治理格局创新：时间银行的可行路径分析 [J]. 人口与发展，2021，27 (1)：16-24.

陈功，王笑寒. 我国"时间银行"互助养老模式运行中的问题及对策研究 [J]. 理论学刊，2020 (6)：132-140.

陈功，吴振东，许可，等. 日本时间银行发展历程及对中国的启示 [J]. 调研世界，2021 (11)：73-80.

陈功. 以时间银行开发利用我国老年人力资本［J］. 人民论坛·学术前沿，2021（24）：61-67，135.
陈际华. “时间银行”互助养老模式发展难点及应对策略：基于积极老龄化的理论视角［J］. 江苏社会科学，2020（1）：68-74.
陈嘉琪，陈小嫦. 多源流理论视角下时间银行养老模式广泛实施条件研究［J］. 中国卫生事业管理，2022，39（3）：235-240.
陈珊，彭萱. “时间储蓄”互助养老与社区照顾服务协同发展研究［J］. 法制与社会，2018（35）：151-152.
代丽丹. 浅论社区老年志愿者档案机制的建立［J］. 山西档案，2016（1）：113-115.
邓志锋. 关于我国助老服务“时间银行”建设的思考［J］. 南京人口管理干部学院学报，2012，28（4）：17-21，43.
杜偲偲，黄颖. 南京“时间银行”养老模式发展现状与提升策略［J］. 商业经济，2021（12）：26-27，174.
傅丽. 为“时间银行”互助养老打上“法律补丁”［J］. 人民论坛，2020（15）：118-119.
公衍勇. 农村集中自助型养老模式构建研究［D］. 湘潭：湘潭大学，2010.
郭剑平，王彩玲，黄健元. 社会交换视角下区块链赋能养老服务时间银行发展研究［J］. 中州学刊，2021（12）：62-67.
贺雪峰. 互助养老：中国农村养老的出路［J］. 南京农业大学学报（社会科学版），2020，20（5）：1-8.
侯丽琴. “时间银行”模式下互助养老服务合同法律关系研究［D］. 天津：天津商业大学，2014.
黄少宽. 我国“时间储蓄”养老服务模式的研究进展［J］. 社会保障研究，2014（6）：104-111.
纪春艳. 农村“时间银行”养老模式发展的优势、困境与应对策略［J］. 理论学刊，2020（5）：140-148.
景军，赵芮. 互助养老：来自“爱心时间银行”的启示［J］. 思想战线，2015，41（4）：72-77.
黎赵，张桂凤. 时间银行嵌入西部农村互助养老的本土化建构：兼与“时间银行”圆桌论坛的商榷［J］. 云南行政学院学报，2021，23（1）：67-77.
李海舰，李文杰，李然. 中国未来养老模式研究：基于时间银行的拓展路径［J］. 管理世界，2020，36（3）：76-90.
李志宏. 充分预估风险 稳妥推进“时间银行”可持续发展［J］. 中国社会工作，2021（11）：20-22.
凌瑾. 时间银行：志愿服务模式的本土化探索：以武汉市为例［J］. 湖北经济学院学报（人文社会科学版），2020，17（4）：41-44.
刘妮娜，杜鹏. 中国互助型社会养老的定位及发展方向［J］. 浙江工商大学学报，2022（3）：140-153.
刘妮娜. 论中国时间银行的特色及发展逻辑［J］. 城市问题，2020（7）：47-55，75.
陆海燕. 养老服务共同生产的实践与探讨：以时间银行为例［J］. 理论月刊，2021（7）：117-125.
马贵侠. 论“时间银行”模式在居家养老中的应用［J］. 南京理工大学学报（社会科学版），2010，23（6）：116-120.
穆光宗. 建立代际互助体系 走出传统养老困境［J］. 市场与人口分析，1999，5（6）：33-35.
彭希哲，胡湛. 公共政策视角下的中国人口老龄化［J］. 中国社会科学，2011（3）：121-138，222-223.
石甜甜. 日本少子老龄化的社会影响、政策演进及启示［J］. 江西社会科学，2020，40（8）：221-230.
陶士贵，张瑛. “时间银行”互助养老的机理与路径：基于时间货币视角［J］. 新视野，2022（2）：81-87.
田保宁. 中国社区时间银行的管理与服务研究［D］. 济南：山东大学，2018.
王焕，魏培晔. 时间银行能否带来可持续志愿参与？：基于一项混合研究［J］. 中国行政管理，2021（10）：115-122.

王晓露.“爱心银行”服务模式研究：以深圳B工业园区“爱·储存”服务项目为例［D］.合肥：安徽大学，2017.
王笑寒，郑尚元.“时间银行”公益互助养老服务机制之法律关系界定与构造［J］.山东大学学报（哲学社会科学版），2020（6）：157－164.
王永梅，王一笑.我国时间储蓄助老服务的实践与制度探索［J］.社会建设，2017，4（1）：42－48.
王玥，毛佳欣.“时间银行”互助养老模式实现路径：以“五社联动”社区创新治理为背景［J］.北京航空航天大学学报（社会科学版），2022，35（2）：75－83.
王泽淮.时间银行：社区志愿者服务的新形式［J］.社区，2003（12）：23.
吴飞.从单向志愿到网络互惠：“时间银行”可持续发展的现实选择［J］.理论导刊，2021（12）：89－94.
吴明儒，周宇翔.台湾时间银行实施经验之探索性研究：社会网络分析的观点［J］.台湾社区工作与社区研究学刊，2017，7（2）：45－95.
吴振东，郭奕冲，吴梦甜，等.论我国时间银行发展优势、原则与措施［C］.第三届北京大学老龄健康博士生论坛论文集，2018－10－17.
夏辛萍.时间银行：城市社区养老服务的新模式［J］.中国老年学杂志，2014，34（10）：2905－2907.
夏辛萍.中国互助养老“时间银行”本土化发展历程及经验反思［J］.中国老年学杂志，2017，37（22）：5723－5725.
谢立黎.中国城市老年人社区志愿服务参与现状与影响因素研究［J］.人口与发展，2017，23（1）：55－65，73.
许聪，吴飞.时间银行：互助养老服务模式的可持续性选择［J］.南京工程学院学报（社会科学版），2018，18（2）：12－16.
许加明.“时间银行”模式应用于居家养老互助服务的思考［J］.社会工作，2015（1）：74－80，126－127.
袁志刚，陈功，高和荣，等.时间银行：新型互助养老何以可能与何以可为［J］.探索与争鸣，2019（8）：4－36，197.
张晨寒，李玲玉.时间银行：居家养老服务模式的新探索［J］.河南师范大学学报（哲学社会科学版），2016，43（5）：80－85.
张维维.社会企业与社区邻里关系的重建：以四个社会企业为例［J］.浙江社会科学，2020（4）：64－78，157.
张文超，杨华磊.我国“时间银行”互助养老的发展现状、存在问题及对策建议［J］.南方金融，2019（3）：33－41.
赵思凡.“时间银行”引入互助养老服务的实现路径研究［D］.西安：西北大学，2017.
郑雄飞，吴振其.孝而难养与守望相助：农村空巢老人互助养老问题研究［J］.内蒙古社会科学，2022，43（2）：147－154，2.
周建芳，徐钰茹，俞晶晶.城市老人志愿养老服务参与意愿与行为［J］.中国老年学杂志，2020，40（22）：4876－4880.

后　　记

本书是在2021年9月发布的《中国时间银行发展研究报告》基础上修订完成的。本《报告》的顺利出版离不开北京大学人口研究所时间银行团队全体师生的参与，更有赖于各位领导、同仁对项目研究团队的支持和鼓励。本《报告》自规划到发布，再到出版，先后有60余位师生参与调研、文献收集、报告撰写、定稿出版等工作。

本书由北京大学人口研究所时间银行课题组在负责落实全国时间银行发展研究状况四次调研的基础上完成写作。索浩宇博士协助组织了前三次的调研活动，张承蒙博士协助组织了第四次调研活动。张雅璐、王黎、熊伊伊、冉晓醒、李娜等作为课题组成员参与了调研和报告撰写等工作。第一章案例分别由阮航清、黄国贵、吴振东、林进龙、王黎等收集和整理；第二章、第四章、第五章和第六章文献部分由何丽平、许文虎、章晓颖、陈天航、毛晨、张聪、向远、施函廷等收集、整理、撰写；第三章典型案例部分由张远、李景涛、吴怡杰、陆晓敏、张聪、刘梁、佐佑、于海军、孙畅、魏玥、宋金婷、刘运铎等参与调研和撰写。感谢丁冠文、吴振东、耿聆、刘博文、张嘉琪、胡乔文、林是琦、肖溢文、樊儒经、崔证皖（韩国）、程梦玲等在前期资料和文献收集上的贡献。感谢章晓颖、陈龙、黄浩、张文馨、杨培森、陈子言、任浩等同学所做的文字校对和格式修改工作。本书统稿工作由陈功、索浩宇、张承蒙负责。

特别感谢中国红十字基金会、中国医药卫生事业发展基金会对课题组调研提供的资金以及其他各项支持。特别感谢中国红十字基金会时任副理事长刘选国先生对本项目立项给予的大力推动、支持以及在项目开展过程中给予的全程指导并受邀为本书作序。特别感谢中国医药卫生事业发展基金会王丹理事长对时间银行项目的关注、支持以及大力资助。特别感谢中国红十字基金会郭长江理事长、梁春晓理事、盘古智库王岳等专家学者对项目的支持。感谢红十字基金会胡星奇、贾鑫、唐然、朱思琪、付猛等同志对项目提供的支持与帮助。

本书的出版离不开中国老年学和老年医学学会以及本学会志愿与公益分会的支持。特别感谢中国老年学和老年医学学会刘维林会长对本书的关心和支持并作序。

感谢杜鹏教授、陈友华教授等专家学者对本团队的支持并提出了宝贵意见和建议。感谢中国老年学和老年医学学会翟静娴秘书长、张劲松副秘书长、王倩主任等学会领导对本团队时间银行研究与实践工作的肯定与支持。感谢中国老年学和老年医学学会志愿与公益分会总干事、大家人寿保险股份有限公司养老事业部总经理陈曼丽女士的大力支持和协助。感谢中国老年学和老年医学学会志愿与公益分会各位副主任委员、常务委员及委员：华东师范大学陈体标副教授、浙江绿康医养集团董事长卓永岳先生、南京养老志愿服务联合会史秀莲会长、深圳市华海幸福时间银行老人关爱中心理事长贾海霞女士、上海华懋信息技术有限公司总经理张元颖女士、中国健康促进基金会罗荣庆老师、芳邻时间银行创始人蔡俊先生等专家学者、实务工作者在本报告及案例搜集过程中给予的支持与帮助。

北京大学人口研究所时间银行团队在本书的写作和出版过程中，开展了有关中国时间银行的调研和资料收集与整理工作。感谢国际时间银行机构伙伴对我们的支持。时间银行概念创始人、美国学者埃德加·卡恩教授对中国时间银行研究与实践给予了充分肯定，令我们倍感鼓舞。英国时间银行（TBUK）首席执行官（CEO）莎拉·伯德（Sarah Bird）女士、韩国时间银行（Timebanks Korea）执行董事杨惠然（hydran Yang）博士、瑞士圣加仑市时间银行（Zeitvorsorge St. Gallen）董事于尔格·韦贝尔（Jürg Weibel）先生等积极参与本团队组织的学术研讨活动，并且在资料共享方面给予了必要支持，借此机会一并表达诚挚谢意。

此外，北京大学人口研究所时间银行团队在全国20个省（自治区、直辖市）开展时间银行调研过程中，得到了有关实践机构的大力支持和帮助。我们要感谢本书收录的54家机构或单位的负责人，他们毫无保留地提供资料、素材，以及为调研提供了诸多便利。感谢北京大学人口研究所在读硕、博研究生为项目调研、资料整理、报告撰写等付出的努力。

由于时间仓促，本书在案例收集与撰写过程中难免出现纰漏以及信息不完善之处。在后期的研究和合作推进过程中，我们将继续在各位领导、专家学者和公益同仁的指导帮助下，跟进回访、补充资料、完善案例，同时也将就时间银行的相关问题与各位专家学者、实务从业者共同研究与探讨，希望各位慷慨赐教，批评指正。希望大家共同努力，为构建中国特色时间银行理论体系、推动中国时间银行本土化发展、对外输出时间银行中国模式和中国经验、做强时间银行研究与实践网络建言献策、贡献力量。

编者